AF609678

INCOMPATIBILITÉS

PARLEMENTAIRES.

Imp. de G. GRATIOT, rue de la Monnaie, 11.

INCOMPATIBILITÉS

PARLEMENTAIRES

PAR

M. F. BASTIAT,
Membre correspondant de l'Institut,
REPRÉSENTANT DU PEUPLE A L'ASSEMBLÉE NATIONALE.

Deuxième édition

SUIVIE

DES DISCOURS PRONONCÉS PAR M. F. BASTIAT
Sur la répression des Coalitions industrielles,
Et sur l'Impôt des boissons.

PRIX : 75 CENTIMES.

PARIS
LIBRAIRIE DE GUILLAUMIN ET Cie
ÉDITEURS DE LA COLLECTION DES PRINCIPAUX ÉCONOMISTES,
DU JOURNAL DES ÉCONOMISTES, ETC.
Rue Richelieu, 14

1851

55366.
A.

INCOMPATIBILITÉS PARLEMENTAIRES

PAR

M. F. BASTIAT,

Membre correspondant de l'Institut,

REPRÉSENTANT DU PEUPLE A L'ASSEMBLÉE NATIONALE.

R.F.

Deuxième édition

SUIVIE

DES DISCOURS PRONONCÉS PAR M. F. BASTIAT

Sur la répression des Coalitions industrielles,

Et sur l'Impôt des boissons.

PARIS

LIBRAIRIE DE GUILLAUMIN ET Cie

ÉDITEURS DE LA COLLECTION DES PRINCIPAUX ÉCONOMISTES,
DU JOURNAL DES ÉCONOMISTES, ETC.

Rue Richelieu, 14

1851

1850

AVERTISSEMENT DE L'ÉDITEUR.

En réimprimant les *Incompatibilités parlementaires*, dont la première édition est depuis longtemps épuisée, nous avons cru devoir emprunter au *Moniteur*, pour les joindre à cette production de M. Bastiat, deux remarquables improvisations qu'il a prononcées à l'Assemblée législative. Par cette adjonction, nous pouvons offrir au public l'ensemble des discours parlementaires de l'auteur.

INCOMPATIBILITÉS

PARLEMENTAIRES.

CITOYENS REPRÉSENTANTS,

Je vous conjure de donner quelque attention à cet écrit.

— « Est-il bon d'exclure de l'Assemblée nationale des catégories de citoyens ? »

— « Est-il bon de faire briller aux yeux des représentants les hautes situations politiques ? »

Voilà les deux questions que j'y traite. La constitution elle-même n'en a pas soulevé de plus importantes.

Cependant, chose étrange, l'une d'elles, la seconde, a été décidée sans discussion.

Le ministère doit-il se recruter dans la Chambre ?—L'Angleterre dit : *Oui*, et s'en trouve mal. L'Amérique dit : *Non*, et s'en trouve bien. — 89 adopta la pensée américaine ; 1814 préféra l'idée anglaise. — Entre de telles autorités, il y a, ce semble, de quoi balancer. Cependant l'Assemblée nationale s'est prononcée pour le système de la Restauration, importé d'Angleterre, et cela, sans débat.

L'auteur de cet écrit avait proposé un amendement. Pendant qu'il montait les degrés de la tribune... la question était tranchée. Je propose, dit-il... — La Chambre a voté, s'écrie M. le président. — Quoi! sans m'admettre à... — La Chambre a voté. — Mais personne ne s'en est aperçu! — Consultez le bureau, la Chambre a voté.

Certes, cette fois, on ne reprochera pas à l'Assemblée une lenteur systématique!

Que faire? saisir l'Assemblée avant le vote définitif. Je le fais par écrit dans l'espoir que quelque voix plus exercée me viendra en aide.

D'ailleurs, pour l'épreuve d'une discussion orale, il faut des poumons de Stentor s'adressant à des oreilles attentives. Décidément, le plus sûr est d'écrire.

Citoyens représentants, en mon âme et conscience, je crois que le titre IV de la Loi électorale est à refaire. Tel qu'il est, il organise l'anarchie. Il en est temps encore, ne léguons pas ce fléau au pays.

Les Incompatibilités parlementaires soulèvent deux questions profondément distinctes, quoiqu'on les ait souvent confondues.

— La représentation nationale sera-t-elle ouverte ou fermée à ceux qui suivent la carrière des fonctions publiques?

— La carrière des fonctions publiques sera-t-elle ouverte ou fermée aux représentants ?

Ce sont là certainement deux questions différentes et qui n'ont même entre elles aucun rapport, si bien que la solution de l'une ne préjuge rien quant à la solution de l'autre. La députation peut être accessible aux fonctionnaires, sans que les fonctions soient accessibles aux députés et réciproquement.

La loi que nous discutons est très sévère quant à l'admission des fonctionnaires à la Chambre, très tolérante en ce qui concerne l'admission des représentants aux hautes situations politiques. Dans le premier cas, elle me semble s'être laissée entraîner à un radicalisme de mauvais aloi. En revanche, dans le second, elle n'est pas même prudente.

Je ne dissimule pas que j'arrive, dans cet écrit, à des conclusions tout opposées.

Pour passer des places à la Chambre, pas d'exclusion, mais précautions suffisantes.

Pour passer de la Chambre aux places, exclusion absolue.

Respect au suffrage universel! Ceux qu'il fait représentants doivent *être* représentants, et *rester* représentants. Pas d'exclusion à l'entrée, exclusion absolue à la sortie. Voilà le principe. Nous allons voir qu'il est d'accord avec l'utilité générale.

§ 1er. Les électeurs peuvent-ils se faire représenter par des fonctionnaires ?

Je réponds : Oui, sauf à la société à s'entourer de précautions suffisantes.

Ici je rencontre une première difficulté, qui semble opposer d'avance à tout ce que je pourrai dire une fin de non recevoir insurmontable. La constitution elle-même proclame le principe de l'incompatibilité entre toute *fonction* publique rétribuée et le mandat de représentant du peuple. Or, comme dit le rapport, il ne s'agit pas d'éluder mais d'appliquer ce principe désormais fondamental.

Je demande s'il y a excès de subtilité à se prévaloir du mot *fonction* dont se sert la constitution, pour dire : Ce qu'elle a entendu exclure, ce n'est pas l'homme, ce n'est pas même le fonctionnaire, c'est la fonction, c'est le danger qu'elle pourrait introduire au sein de l'Assemblée législative. Pourvu donc que la fonction n'entre pas et reste à la porte, dût-elle être reprise à la fin de la législature, par le titulaire, le vœu de la constitution est satisfait.

L'Assemblée nationale a interprété ainsi l'article 28 de la constitution, à l'occasion de l'armée, et comme je n'arrive à autre chose qu'à étendre cette interprétation à tous les fonctionnaires, j'ai lieu de croire qu'il me sera permis de ne pas m'arrêter à la fin de non recevoir que le rapport met sur mon chemin.

Ce que je demande en effet, c'est ceci : Que tout électeur soit éligible. Que les colléges électoraux puissent se faire représenter par quiconque a mérité leur confiance. Mais si le choix des électeurs tombe sur un fonctionnaire public, c'est l'homme et non la fonction qui entre à la Chambre. Le fonctionnaire ne perdra pas pour cela ses droits antérieurs et ses titres. On n'exigera pas de lui le sacrifice d'une véritable propriété acquise par de longs et utiles travaux. La société n'a que faire d'exigences superflues, et doit se contenter de précautions suffisantes. Ainsi, le fonctionnaire sera soustrait à l'influence du pouvoir exécutif; il ne pourra être promu ou destitué. Il sera mis à l'abri des suggestions de l'espérance et de la crainte. Il ne pourra exercer ses fonctions ou en percevoir les émoluments. En un mot, il sera représentant, ne sera que représentant pendant toute la durée de son mandat. Sa vie administrative sera, pour ainsi dire, suspendue et comme absorbée par sa vie parlementaire. C'est bien là ce qu'on a fait pour les militaires, grâce à la distinction entre le grade et l'emploi. Par quel motif ne le ferait-on pas pour les magistrats ?

Qu'on veuille bien le remarquer : l'*incompatibilité*, prise dans le sens de l'*exclusion*, est une idée qui dut naturellement se présenter et se populariser sous le régime déchu.

A cette époque, aucune indemnité n'était accordée aux députés non fonctionnaires, mais ils pouvaient se faire de la députation un marchepied vers les places lucratives. Au contraire, les fonctionnaires publics nommés députés continuaient à recevoir leurs traitements. A vrai dire, ils étaient payés, non comme fonctionnaires, mais comme députés, puisqu'ils ne remplissaient pas leurs fonctions, et que si le ministre était mécontent de leurs votes, il pouvait, en les destituant, leur retirer tout salaire.

Les résultats d'une telle combinaison devaient être et furent, en effet, déplorables. D'un côté les candidats non fonctionnaires étaient fort rares dans la plupart des arrondissements. Les électeurs étaient *libres* de choisir ; oui, mais le cercle du choix ne s'étendait pas au delà de cinq à six personnes. La première condition de l'éligibilité était une fortune considérable. Que si un homme, seulement dans l'aisance, se présentait, il était repoussé avec quelque raison, car on le soupçonnait d'avoir de ces vues ultérieures que la charte n'interdisait pas.

D'un autre côté, les candidats fonctionnaires pullulaient. C'était tout simple. D'abord une indemnité leur était allouée. Ensuite la députation était pour eux un moyen assuré de rapide avancement.

Lorsque l'on considère que la guerre aux portefeuilles, conséquence nécessaire de l'accessibilité des ministères aux députés (vaste sujet que je traiterai dans le paragraphe suivant), quand on considère, dis-je, que la guerre aux portefeuilles suscitait au sein du parlement des coalitions systématiquement organisées pour renverser le cabinet; que celui-ci ne pouvait résister qu'à l'aide d'une majorité également systématique, compacte, dévouée, il est aisé de comprendre à quoi devait aboutir cette double facilité donnée aux hommes à places pour devenir députés et aux députés pour devenir hommes à places.

Le résultat devait être et a été : les services publics convertis en exploitation; le gouvernement absorbant le domaine de l'activité privée ; la perte de nos libertés, la ruine de nos finances ; la corruption descendant de proche en proche des hautes régions parlementaires jusqu'aux dernières couches électorales.

Dans ces circonstances, il ne faut pas s'étonner si la nation s'attacha au principe de l'incompatibilité comme à une ancre de salut. Tout le monde se souvient que le cri de ralliement des électeurs honnêtes était : « Plus de fonctionnaires à la Chambre ! » Et le programme des candidats : « Je promets de n'accepter ni places, ni faveurs. »

Cependant, la révolution de Février n'a-t-elle rien changé à cet ordre de choses, qui expliquait et justifiait le courant de l'opinion publique ?

D'abord, nous avons le suffrage universel, et évidemment, l'influence du gouvernement sur les élections sera bien affaiblie, si même il en reste quelque vestige.

Ensuite, il n'aura aucun intérêt à faire nommer de préférence des fonctionnaires complétement soustraits à son action.

En outre, nous avons l'indemnité égale accordée à tous les représentants, circonstance qui, à elle seule, change complétement la situation.

En effet, nous n'avons plus à redouter, comme autrefois, que les candidats fassent défaut aux élections. Il est plus à craindre que la difficulté vienne de l'embarras du choix. Il sera donc impossible que les fonctionnaires envahissent la Chambre. J'ajoute qu'ils n'y auront aucun intérêt, puisque la députation ne sera plus pour eux un moyen de parvenir. Autrefois, le fonctionnaire accueillait une candidature comme une bonne fortune. Aujourd'hui il ne pourra l'accepter que comme un véritable sacrifice, au moins au point de vue de sa carrière.

Des changements aussi profonds dans la situation respective des deux classes sont de nature, ce me semble, à modifier les idées que nous nous étions faites de l'*incompatibilité*, sous l'empire de circonstances toutes différentes. Je crois qu'il y a lieu d'envisager le vrai principe et l'utilité commune, non au flambeau de l'ancienne charte, mais à celui de la nouvelle constitution.

L'Incompatibilité, en tant que synonyme d'Exclusion, présente trois grands inconvénients :

1° C'en est un énorme que de restreindre les choix du *suffrage universel*. Le suffrage universel est un principe aussi jaloux qu'absolu. Quand une population tout entière aura environné d'estime, de respect, de confiance, d'admiration, un conseiller de Cour d'appel, par exemple, quand elle aura foi dans ses lumières et ses vertus, croyez-vous qu'il sera facile de lui faire comprendre qu'elle peut confier à qui bon lui semble le soin de corriger sa législation, excepté à ce digne magistrat?

2°. Ce n'est pas une tentative moins exorbitante que celle de dépouiller du plus beau droit politique, de la plus noble récompense de longs et loyaux services, récompense décernée par le libre choix des électeurs, toute une catégorie de citoyens. On pourrait presque se demander jusqu'à quel point l'Assemblée nationale elle-même a ce droit.

3° Au point de vue de l'utilité pratique, il saute aux yeux que le niveau de l'expérience et des lumières doit se trouver bien abaissé dans une Chambre, renouvelable tous les trois ans, et d'où sont exclus tous les hommes rompus aux affaires publiques. Quoi! voilà une assemblée qui doit s'occuper de marine, et il n'y aura pas un marin? d'armée, et il n'y aura pas de militaire? de législation civile et criminelle, et il n'y aura pas un magistrat?

Il est vrai que les militaires et les marins sont admis, grâce à une loi étrangère à la matière et par des motifs qui ne sont pas pris du fond de la question. Mais cela même est un quatrième et grave inconvénient ajouté aux trois autres. Le peuple ne comprendra pas que dans l'enceinte où se font les lois, l'épée soit présente et la robe absente, parce qu'en 1832 ou 1834 une organisation particulière fut introduite dans l'armée. Une inégalité si choquante, dira-t-il, ne devait pas résulter d'une loi ancienne et tout à fait contingente. Vous étiez chargé de faire une loi électorale complète, il en valait bien la peine, et vous ne deviez pas y introduire une inconséquence monstrueuse, à la faveur d'un article perdu du Code militaire. Mieux eût valu l'Incompatibilité absolue. Elle eût eu au moins le prestige d'un principe.

Quelques mots maintenant sur les précautions que la société me semble avoir le droit de prendre à l'égard des fonctionnaires nommés représentants.

On pourra essayer de me faire tomber dans l'inconséquence et me dire : Puisque vous n'admettez pas de limites au choix du suffrage universel, puisque vous ne croyez pas qu'on puisse priver une catégorie de citoyens de leurs droits politiques, comment admettez-vous que l'on prenne, à l'égard des uns, des précautions plus ou moins restrictives, dont les autres sont affranchis ?

Ces précautions, remarquez-le bien, se bornent à une chose : assurer, dans l'intérêt public, l'indépendance, l'impartialité du représentant ; mettre le député fonctionnaire, à l'égard du pouvoir exécutif, sur le pied de l'égalité la plus complète avec le député non fonctionnaire. Quand un magistrat accepte le mandat législatif, que la loi du pays lui dise : Votre vie parlementaire commence ; tant qu'elle durera, votre vie judiciaire sera suspendue. — Qu'y a-t-il là d'exorbitant et de contraire aux principes ? Quand la fonction est interrompue de fait, pourquoi ne le serait-elle pas aussi de droit, puisqu'aussi bien c'est là ce qui soustrait le fonctionnaire à toute pernicieuse influence ? Je ne veux pas qu'il puisse être promu ou destitué par le pouvoir exécutif, parce que s'il l'était, ce ne serait pas pour des actes relatifs à la fonction, qui n'est plus remplie, mais pour des votes. Or, qui admet que le pouvoir exécutif puisse récompenser ou punir des votes ? — Ces précautions ne sont pas arbitraires. Elles n'ont pas pour but de restreindre les choix du suffrage universel ou les droits politiques d'une classe de citoyens, mais au contraire de les universaliser, puisque, sans elles, il en faudrait venir à l'incompatibilité absolue.

L'homme qui, à quelque degré que ce soit, fait partie de la hiérarchie gouvernementale, ne doit pas se dissimuler qu'il est, vis-à-vis de la société, et sur un point capital relativement au sujet qui nous occupe, dans une position fort différente de celle des autres citoyens,

Entre les fonctions publiques et les industries privées, il y a quelque chose de commun et quelque chose de différent. Ce qu'il y a de commun, c'est que les unes et les autres satisfont à des besoins sociaux. Celles-ci nous préservent de la faim, du froid, des maladies, de l'ignorance; celles-là de la guerre, du désordre, de l'injustice, de la violence. C'est toujours des services rendus contre une rémunération.

Mais voici ce qu'il y a de différent. Chacun est libre d'accepter ou de refuser les services privés, de les recevoir dans la mesure qui lui convient et d'en débattre le prix. Je ne puis forcer qui que ce soit à acheter mes pamphlets, à les lire, à les payer au taux auquel l'éditeur les mettrait s'il en avait la puissance.

Mais tout ce qui concerne les services publics est réglé d'avance par la loi. Ce n'est pas moi qui juge ce que j'achèterai de *sécurité* et combien je la payerai. Le fonctionnaire m'en donne tout autant que la loi lui prescrit de m'en donner, et je le paye pour cela tout autant que la loi me prescrit de le payer. Mon libre arbitre n'y est pour rien.

Il est donc bien essentiel de savoir qui fera cette loi.

Comme il est dans la nature de l'homme de vendre le plus possible, la plus mauvaise marchandise possible, au plus haut prix possible, il est à croire que nous serions horriblement et chèrement administrés, si ceux qui ont le privilége de vendre les produits gouvernementaux avaient aussi celui d'en déterminer la quantité, la qualité et le prix.

C'est pourquoi, en présence de cette vaste organisation qu'on appelle le gouvernement, et qui, comme tous les corps organisés, aspire incessamment à s'accroître, la nation, représentée par ses députés, décide elle-même sur quels points, dans quelle mesure, à quel prix elle entend être gouvernée et administrée.

Que si, pour régler ces choses, elle choisit les gouvernants eux-mêmes, il est fort à croire qu'elle sera bientôt administrée à merci et miséricorde, jusqu'à épuisement de sa bourse.

Aussi je comprends que les hommes portés vers les moyens extrêmes aient songé à dire à la nation : « Je te défends de te faire représenter par des fonctionnaires. » C'est l'incompatibilité absolue.

Pour moi, je suis très porté à tenir à la nation le même langage, mais seulement à titre de conseil. Je ne suis pas bien sûr d'avoir le droit de convertir ce conseil en prohibition. Assurément, si le suffrage universel est laissé libre, cela veut dire qu'il pourra se tromper. S'ensuit-il que, pour prévenir ses erreurs, nous devions le dépouiller de sa liberté?

Mais ce que nous avons le droit de faire, comme chargés de formuler une loi électorale, c'est d'assurer l'indépendance du fonctionnaire élu représentant, de le mettre sur le pied de l'égalité avec ses collègues, de le soustraire aux caprices de ses chefs, et de régler sa position pendant la durée du mandat, en ce qu'elle pourrait avoir d'antagonique au bien public.

C'est le but de la première partie de mon amendement.

Il me semble tout concilier.

Il respecte le droit des électeurs.

Il respecte, dans le fonctionnaire, le droit du citoyen.

Il détruit cet intérêt spécial qui, autrefois, poussait les fonctionnaires vers la députation.

Il restreint le nombre de ceux par qui elle sera recherchée.

Il assure l'indépendance de ceux par qui elle sera obtenue.

Il laisse entier le droit tout en anéantissant l'abus.

Il élève le niveau de l'expérience et des lumières dans la Chambre.

En un mot, il concilie les principes avec l'utilité.

Mais si ce n'est pas *avant* l'élection qu'il faut placer l'incompatibilité, il faut certainement la placer *après*. Les deux parties de mon amendement se tiennent, et j'aimerais mieux cent fois le voir repoussé tout entier qu'accueilli à moitié.

§ II. Les représentants peuvent-ils devenir fonctionnaires?

A toutes les époques, lorsqu'il a été question de *réforme parlementaire*, on a senti la nécessité de fermer aux députés la carrière des fonctions publiques.

On se fondait sur ce raisonnement qui est en effet très concluant : Les gouvernés nomment des mandataires pour surveiller, contrôler, limiter, et, au besoin, accuser les gouvernants. Pour remplir cette mission, il faut qu'ils conservent, à l'égard du pouvoir, toute leur indépendance. Que si celui-ci enrôle les représentants dans ses cadres, le but de l'institution est manqué. — Voilà l'objection constitutionnelle.

L'objection morale n'est pas moins forte. Quoi de plus triste que de voir les mandataires du peuple, trahissant l'un après l'autre la confiance dont ils avaient été investis, vendre, pour une place, et leurs votes et les intérêts de leurs commettants?

On avait d'abord espéré tout concilier par la *réélection*. L'expérience a démontré l'inefficacité de ce palliatif.

L'opinion publique s'attacha donc fortement à ce second aspect de l'incompatibilité, et l'article 28 de la constitution n'est autre chose que la manifestation de son triomphe.

Mais à toutes les époques aussi, l'opinion publique a pensé que l'*Incompatibilité* devait souffrir une exception, et que, s'il était sage d'interdire les emplois subalternes aux députés, il n'en devait pas être de même des ministères, des ambassades, et de ce qu'on nomme les hautes *situations politiques*.

Aussi, dans tous les plans de *réforme parlementaire* qui se sont produits avant Février, dans celui de M. Gauguier, comme dans celui de M. de Rumilly, comme dans celui de M. Thiers, si l'article 1er posait toujours hardiment le principe, l'article 2 reproduisait invariablement l'exception.

A vrai dire, je crois qu'il ne venait à la pensée de personne qu'il en pût être autrement.

Et comme l'opinion publique, qu'elle ait tort ou raison, finit toujours par l'emporter, l'art. 79 du projet de la Loi électorale n'est encore qu'une seconde manifestation de son triomphe.

Cet article dispose ainsi :

Art. 79. Les fonctions publiques rétribuées auxquelles, *par exception* à l'article 28 de la Constitution, les membres de l'Assemblée nationale peuvent être appelés pendant la durée de la législature, par le choix du pouvoir exécutif, sont celles de :

MINISTRE;
Sous-secrétaire d'État;
Commandant supérieur des gardes nationales de la Seine;
Procureur général de la Cour de cassation;
Procureur général à la Cour d'appel de Paris;
Préfet de la Seine.

L'opinion publique ne se modifie pas en un jour. C'est donc sans aucune espérance dans le succès actuel que je m'adresse à l'Assemblée nationale. Elle n'effacera pas cet article de la loi. Mais j'accomplis un devoir, car je prévois (et puissé-je me tromper!) que cet article couvrira notre malheureuse patrie de ruines et de débris.

Certes, je n'ai pas une foi telle dans ma propre infaillibilité que je ne sache me défier de ma pensée quand je la trouve en opposition avec la pensée publique. Qu'il me soit donc permis de me mettre à l'abri derrière des autorités qui ne sont pas à dédaigner.

Des députés-ministres! c'est bien là une importation anglaise. C'est de l'Angleterre, ce berceau du gouvernement représentatif, que nous est venue cette irrationnelle et monstrueuse alliance. Mais il faut remarquer qu'en Angleterre le régime représentatif tout entier, n'est qu'un moyen ingénieux de mettre et maintenir la puissance aux mains de quelques familles parlementaires. Dans l'esprit de la constitution britannique, il eût été absurde de fermer aux députés l'accès du pouvoir, puisque cette constitution a précisément pour but de le leur livrer. — Et nous verrons bientôt cependant quelles conséquences hideuses et terribles a eues pour l'Angleterre même cette déviation aux plus simples indications du bon sens.

Mais, d'un autre côté, les fondateurs de la république américaine ont sagement repoussé cet élément de troubles et de convulsions politiques. Nos pères, en 89, avaient fait de même. Je ne viens donc pas soutenir une pensée purement personnelle, une innovation sans précédents et sans autorité.

Comme Washington, comme Franklin, comme les auteurs de la constitution de 91, je ne puis m'empêcher de voir dans l'*admissibilité des députés au ministère* une cause toujours agissante de trouble et d'instabilité. Je ne pense pas qu'il soit possible d'imaginer une combinaison plus destructive de toute force, de toute suite dans l'action du gouvernement, un oreiller plus anguleux pour la tête des rois ou des présidents de républiques. Rien au monde ne me semble plus propre à éveiller l'esprit de parti, à alimenter les luttes factieuses, à corrompre toutes les sources d'information et de publicité, à dénaturer l'action de la Tribune et de la Presse, à égarer l'Opinion après l'avoir passionnée, à dépopulariser le vrai pour populariser le faux, à entraver l'administration, à fomenter les haines nationales, à provoquer les guerres extérieures, à ruiner les finances publiques, à user et déconsidérer les gouvernements, à décourager et pervertir les gouvernés, à fausser, en un mot, tous les ressorts du régime représentatif. Je ne connais aucune plaie sociale qui se puisse comparer à celle-là, et je crois que si Dieu lui-même nous eût envoyé, par un de ses anges, une constitution, il suffirait que l'Assemblée nationale y intercalât cet article 79 pour que l'œuvre divine devînt le fléau de notre patrie.

C'est ce que je me propose de démontrer.

J'avertis que mon argumentation est un long syllogisme reposant sur cette prémisse tenue pour accordée : « LES HOMMES AIMENT LA PUISSANCE. Ils l'adorent avec tant de fureur que pour la conquérir ou la conserver il n'est rien qu'ils ne sacrifient, même le repos et le bonheur de leur pays. »

On ne contestera pas d'avance cette vérité d'observation universelle. Mais quand, de conséquence en conséquence, j'aurai conduit le lecteur à ma conclusion, savoir : Le ministère doit être fermé aux représentants ; — il se peut que, ne trouvant à rompre aucune maille de mon raisonnement, il revienne sur le point de départ et me dise : « *Nego majorem*, vous n'avez pas prouvé l'*attrait de la puissance.* »

Eh bien ! je m'obstine à maintenir ma proposition dénuée de preuves ! Des preuves ! Mais ouvrez donc au hasard les annales de l'humanité ! Consultez l'histoire ancienne ou moderne, sacrée ou profane, demandez-vous d'où sont vevues toutes ces guerres de races, de classes, de nations, de familles ! Vous obtiendrez toujours cette réponse invariable : De la soif du pouvoir.

Cela posé, la loi n'agit-elle pas avec une bien aveugle imprudence quand elle offre la candidature du pouvoir aux hommes mêmes qu'elle charge de contrôler, critiquer, accuser et juger ceux qui le détiennent ? Je ne me défie pas plus qu'un autre du cœur de tel ou tel homme ; mais je me défie du cœur humain quand il est placé, par une loi téméraire, entre le devoir et l'intérêt. Malgré les plus éloquentes déclamations du monde sur la pureté et le désintéressement de la magistrature, je n'aimerais pas à avoir mon petit pécule dans un pays où le juge pourrait prononcer la confiscation à son profit. De même, je plains le ministre qui a à se dire : « La nation m'oblige à rendre compte à des hommes qui ont bonne envie de me remplacer, et qui le peuvent pourvu qu'ils me trouvent en faute. » Allez donc prouver votre innocence à de tels juges !

Mais ce n'est pas le ministre seulement qu'il faut plaindre ; c'est surtout la nation. Une lutte terrible va s'ouvrir, c'est elle qui fera l'enjeu, et cet enjeu c'est son repos, son bien-être, sa moralité et jusqu'à la justesse de ses idées.

Les fonctions salariées auxquelles, par exception à l'art. 28 de la Constitution, les membres de l'Assemblée nationale peuvent être appelés pendant la durée de la législature, par le choix du pouvoir exécutif, sont celles de MINISTRE.

Oh! il y a là un péril si grand, si palpable que si nous n'avions à cet égard aucune expérience, si nous étions réduits à juger par un *à priori*, par le simple bon sens, nous n'hésiterions pas une minute.

Je suppose que vous n'avez aucune notion de régime représentatif. L'on vous transporte, nouvel Astolphe, dans la lune et l'on vous dit : Parmi les nations qui peuplent ce monde, en voici une qui ne sait ce que c'est que repos, calme, sécurité, paix, stabilité. — N'est-elle pas gouvernée? demandez-vous. Oh! il n'en est pas de plus gouvernée dans l'univers, vous est-il répondu, et pour en trouver une autre aussi gouvernée que celle-là, vous parcourriez inutilement toutes les planètes, excepté peut-être la terre. Le pouvoir y est immense, horriblement lourd et dispendieux. Les cinq sixièmes des gens qui reçoivent quelque éducation y sont fonctionnaires publics. Mais enfin les gouvernés y ont conquis un droit précieux. Ils nomment périodiquement des représentants qui font toutes les lois, tiennent les cordons de la bourse et forcent le pouvoir, soit dans son action, soit dans sa dépense, à se conformer à leur décision. — Oh! quel bel ordre, quelle sage économie doivent résulter de ce simple mécanisme, dites-vous. Certainement ce peuple a dû trouver ou trouvera, à force de tâtonner, le point précis où le gouvernement réalisera le plus de bienfaits aux moindres frais. Comment donc m'annoncez-vous que tout est trouble et confusion sous un si merveilleux régime ? — Il faut que vous sachiez, répond votre cicérone, que si les habitants de la lune, ou les Lunatiques, aiment prodigieusement à être gouvernés, il y a une chose qu'ils aiment plus prodigieusement encore, c'est de gouverner. Or, ils ont introduit dans leur admirable constitution un petit article, perdu au milieu de beaucoup d'autres, et dont voici le sens : « Les représentants joignent à la faculté de renverser les ministres celle de les remplacer. En conséquence, s'il se forme, au sein du parlement, des partis, des oppositions systématiques, des coalitions qui, à force de bruit et de clameurs, à force de grossir et de fausser toutes les questions, parviennent à dépopulariser et faire succomber le ministère sous les coups d'une majorité convenablement préparée à cet effet, les meneurs de ces partis, oppositions et coalitions seront **MINISTRES** *ipso facto*, et pendant que ces éléments hétérogènes se disputeront le pouvoir, les ministres déchus, redevenus simples représentants, iront fomenter des intrigues, des alliances, des oppositions et des coalitions nouvelles. » — Par le grand Dieu du ciel ! vous écriez-vous, puisqu'il en est ainsi, je ne suis pas surpris que l'histoire de ce peuple ne soit que l'histoire d'une affreuse et permanente convulsion !

Mais revenons de la lune, heureux si, comme Astolphe, nous en rapportons une petite fiole de bon sens. Nous en ferons hommage à qui de droit lors de la troisième lecture de notre Loi électorale.

Je demande à insister encore sur mon *à priori*. Seulement nous l'appliquerons à des faits existants qui se passent sous nos yeux.

Il y a en France quatre-vingts et quelques parlements au petit pied. On les appelle conseils généraux. Les rapports de préfet à conseil général ressemblent, à beaucoup d'égards, aux rapports de ministre à Assemblée nationale. D'un côté, des mandataires du public qui décident, en son nom, comment, dans quelle mesure, à quel prix il entend être administré. De l'autre, un agent du pouvoir exécutif qui étudie les mesures à prendre, les fait admettre, s'il peut, et une fois admises, pourvoit à leur exécution. Voilà une expérience qui se renouvelle près de cent fois par an sous nos yeux, et que nous apprend-elle? Certes, le cœur des conseillers généraux est pétri du même limon que celui des représentants du peuple. Il en est peu parmi eux qui ne désirassent autant devenir préfet qu'un député peut souhaiter de devenir ministre. Mais cette idée ne leur vient pas même à l'esprit, et la raison en est simple : la loi n'a pas fait du titre de conseiller un marchepied vers les préfectures. Les hommes, quelque ambitieux qu'ils soient (et ils le sont presque tous), ne poursuivent cependant, *per fas et nefas*, que ce qu'il est possible de saisir. Devant l'impossibilité radicale, le désir s'éteint faute d'aliment. On voit des enfants pleurer pour avoir la lune, mais quand la raison survient, ils n'y pensent plus. Ceci s'adresse à ceux qui me disent : Croyez-vous donc extirper l'ambition du cœur de l'homme? — Non certes, et je ne le désire même pas. Mais ce qui est très possible, c'est de détourner l'ambition d'une voie donnée en anéantissant l'appât qu'on y avait imprudemment placé. Vous aurez beau élever des mâts de cocagne, personne n'y montera s'il n'y a pas une proie au bout.

Il est certain que si une opposition systématique, une coalition mi-blanche et mi-rouge se formait au sein du conseil général, elle pourrait fort bien faire sauter le préfet, mais non mettre les meneurs à sa place. Ce qui est certain aussi, l'expérience le démontre, c'est que, en conséquence de cette impossibilité, de telles coalitions ne s'y forment pas. Le préfet propose ses plans, le conseil les discute, les examine en eux-mêmes, en apprécie la valeur propre au point de vue du bien général. Je veux bien que l'un se laisse influencer par l'esprit de localité, un autre par son intérêt personnel. La loi ne peut refaire le cœur humain, c'est aux électeurs à y pourvoir. Mais il est bien positif qu'on ne repousse pas systématiquement les propositions du préfet, uniquement pour lui faire pièce, pour l'entraver, pour le faire tomber, s'emparer de sa place. Cette guerre insensée, dont en définitive le pays ferait les frais, cette guerre, si fréquente dans nos assemblées législatives qu'elle en est l'histoire et la vie, ne s'est jamais vue dans les assemblées départementales; mais voulez-vous l'y voir? Il y a un moyen bien simple. Constituez ces petits parlements sur le patron du grand; introduisez dans la loi de l'organisation des conseils généraux un petit article ainsi conçu :

« Si une mesure bonne ou mauvaise, proposée par le préfet, est repoussée, il sera destitué. Celui des membres du conseil qui aura dirigé l'opposition sera nommé à sa place, et distribuera à ses compagnons de fortune toutes les grandes fonctions du département, recette générale, direction de contributions directes et indirectes, etc. »

Je le demande, parmi mes neuf cents collègues, y en a-t-il un seul qui osât voter une pareille disposition? Ne croirait-il pas faire au pays le présent le plus funeste? Pourrait-on mieux choisir si l'on était décidé à le voir agoniser sous l'étreinte des factions? N'est-il pas certain que ce seul article bouleverserait complétement l'esprit des conseils généraux? N'est-il pas certain que ces cent enceintes où règnent aujourd'hui le calme, l'indépendance et l'impartialité seraient converties en autant d'arênes de luttes et de brigues? N'est-il pas clair que chaque proposition préfectorale, au lieu d'être envisagée en elle-même et dans ses rapports avec le bien public, deviendrait le champ de bataille d'un conflit de personnes? que chacun n'y chercherait autre chose que des chances pour son parti? Maintenant, admettons qu'il y a des journaux dans le département; les parties belligérantes ne feront-elles pas tous leurs efforts pour les attacher à leur fortune? La polémique de ces journaux ne s'empreindra-t-elle pas des passions qui agitent le conseil? Toutes les questions n'arriveront-elles pas altérées et faussées devant le public? Viennent les élections; comment ce public égaré ou circonvenu pourra-t-il être bon juge? Ne voyez-vous pas, d'ailleurs, que la corruption et l'intrigue, surexcitées par l'ardeur du combat, ne connaîtront plus de bornes?

Ces périls vous frappent; ils vous effrayent. Représentants du peuple, vous vous laisseriez brûler la main droite plutôt que de voter pour les conseils généraux une organisation aussi absurde et aussi anarchique. Et cependant, qu'allez-vous faire? Vous allez déposer dans la constitution de l'Assemblée nationale ce fléau destructeur, cet effroyable dissolvant que vous repoussez avec horreur des assemblées départementales. Par l'article 79, vous allez proclamer bien haut que ce poison dont vous préservez les veines, vous en saturez le cœur du corps social.

Vous dites: C'est bien différent. Les attributions des conseils généraux sont très limitées. Leurs discussions n'ont pas une grande importance; la politique en est bannie; ils ne donnent pas des lois au pays, et puis la préfecture n'est pas un objet de convoitise bien séduisant.

Est-ce que vous ne comprenez pas que chacune de vos prétendues objections met à ma portée autant d'*à fortiori* aussi clairs que le jour? Quoi! la lutte sera-t-elle moins acharnée, infligera-t-elle au pays de moindres maux, parce que l'arène est plus vaste, le théâtre plus élevé, le champ de bataille plus étendu, l'aliment des passions plus excitant, le prix du combat plus convoité, les questions qui servent de machines de guerre plus brûlantes, plus difficiles, et partant plus propres à égarer le sentiment et le jugement de la multitude? S'il est fâcheux que l'esprit public se trompe quand il s'agit d'un chemin vicinal, n'est-il pas mille fois plus malheureux qu'il s'égare quand il est question de paix ou de guerre, d'équilibre ou de banqueroute, d'ordre public ou d'anarchie?

Je dis que l'article 79, qu'il s'applique aux conseils généraux ou aux Assemblées nationales, c'est le *désordre savamment organisé* sur le même modèle; dans le premier cas sur une petite échelle, dans le second sur une échelle immense.

Mais coupons un peu, par un appel à l'expérience, la monotonie des raisonnements.

En Angleterre, c'est toujours parmi les membres du parlement que le roi choisit ses ministres.

Je ne sais si, dans ce pays, le principe de la séparation des fonctions est stipulé au moins sur le papier. Ce qu'il y a de certain, c'est que l'ombre même de ce principe ne se révèle pas dans les faits. Toute la puissance exécutive, législative, judiciaire et spirituelle réside dans une classe et à son profit, la classe oligarchique. Si elle rencontre un frein, c'est dans l'opinion, et ce frein est bien récent. Aussi le peuple anglais n'a pas été jusqu'ici gouverné mais exploité, ainsi que l'attestent deux milliards de taxes, et vingt-deux milliards de dettes. Si depuis quelque temps ses finances sont mieux administrées, l'Angleterre n'en doit pas rendre grâce à la confusion des pouvoirs, mais à l'opinion qui, même privée de moyens constitutionnels, exerce une grande influence, et à cette prudence vulgaire des exploiteurs qui les a décidés à s'arrêter au moment où ils allaient s'engloutir, avec la nation tout entière, dans le gouffre ouvert par la rapacité.

Dans un pays où toutes les branches du gouvernement ne sont que les parties d'une même exploitation au profit des familles parlementaires, il n'est pas surprenant que les ministères soient ouverts aux membres du parlement. Ce qui serait surprenant, c'est qu'il n'en fût pas ainsi, et ce qui l'est bien davantage encore, c'est que cette bizarre organisation soit imitée par un peuple qui a la prétention de se gouverner lui-même, et qui plus est de se bien gouverner.

Quoi qu'il en soit, qu'a-t-elle produit en Angleterre même ?

On n'attend pas sans doute que je fasse ici l'histoire des coalitions qui ont agité l'Angleterre. Ce serait entreprendre son histoire constitutionnelle tout entière. Mais je ne puis me dispenser d'en rappeler quelques traits.

Walpole est ministre : une coalition se forme. Elle est dirigée par Pulteney et Carteret pour les *wighs dissidents* (ceux que Walpole n'a pu placer), par Windham pour les torys qui, soupçonnés de jacobitisme, sont condamnés au stérile honneur de servir d'auxiliaires à toutes les oppositions.

C'est dans cette coalition que le premier des Pitt (depuis lord Chatham) commence sa brillante carrière.

L'esprit jacobite, encore vivace, pouvant fournir à la France l'occasion d'une puissante diversion en cas d'hostilité, la politique de Walpole est à la paix. Donc, la coalition sera à la guerre.

« Mettre fin au système de corruption qui asservit le parlement aux volontés du ministère, remplacer dans les rapports extérieurs, par une politique *plus fière*, plus digne, la politique *timide* et exclusivement pacifique de Walpole, tel est le double but que se propose la coalition. » Je laisse à penser ce qu'on y dit de la France.

On ne joue pas impunément avec le sentiment patriotique d'un peuple qui sent sa force. La coalition parle tant et si haut aux Anglais de leur humiliation qu'ils finissent par y croire. Ils appellent la guerre à grands cris. Elle éclate à l'occasion d'un *droit de visite.*

Autant que ses adversaires, Walpole aimait le pouvoir. Plutôt que de s'en dessaisir, il prétend conduire les opérations. Il présente un bill de subsides, la coalition le repousse. Elle a voulu la guerre et refuse les moyens de la faire. Voici son calcul : la guerre faite sans ressources suffisantes sera désastreuse; alors nous dirons :« C'est la faute du ministre qui l'a faite à contre-cœur.» —Quand une coalition met dans un des plateaux de la balance l'honneur du pays et dans l'autre son propre succès, ce n'est pas l'honneur du pays qui l'emporte.

Cette combinaison réussit. La guerre fut malheureuse et Walpole tomba. L'opposition, moins Pitt, entre aux affaires, mais composée d'éléments hétérogènes, elle ne peut s'entendre. Pendant cette lutte intestine, l'Angleterre est toujours battue. Une nouvelle coalition se forme. Pitt en est l'âme. Il se tourne contre Carteret. Avec lui, il voulait la guerre; contre lui, il veut la paix. Il le traite de *ministre exécrable*, *traître*, lui reprochant un subside aux troupes hanovriennes. Quelques années après, on retrouve ces deux hommes fort bons amis, assis côte à côte dans le même conseil. Pitt dit de Carteret: « Je m'enorgueillis de déclarer que je dois à son patronage, à son amitié, à ses leçons tout ce que je suis. »

Cependant la nouvelle coalition amène une crise ministérielle. Les frères Pelham sont ministres. Quatrième coalition formée par Pulteney et Carteret. Ils renversent les Pelham. Mais ils sont renversés eux-mêmes au bout de trois jours. Pendant que le parlement est en proie à ces intrigues, la guerre continue, et le Prétendant, qui a mis l'occasion à profit, fait des progrès en Écosse. Mais cette considération n'arrête pas les ambitions personnelles.

Pitt conquiert enfin une position officielle assez modeste. Il se fait *gouvernemental* pendant quelques jours. Il approuve tout ce qu'il a blâmé, entre autres le subside aux Hanovriens. Il blâme tout ce qu'il a approuvé, entre autres la résistance au *droit de visite* invoqué par les Espagnols et qui lui a servi de prétexte pour fomenter la guerre, guerre qui n'avait été elle-même qu'un prétexte pour renverser Walpole. « L'expérience m'a mûri, dit-il; j'ai maintenant acquis la conviction que l'Espagne est dans son droit. » — Enfin, la paix se conclut par le traité d'Aix-la-Chapelle, qui replace toutes choses comme elles étaient avant et ne mentionne même pas le droit de visite qui a mis l'Europe en feu.

Survient une cinquième coalition contre Pitt. Elle n'aboutit pas. Puis une sixième qui présente un caractère particulier; elle est dirigée par une moitié du cabinet contre l'autre. Pitt et Fox sont bien ministres, mais l'un et l'autre veut être premier ministre. Ils s'unissent, sauf à se combattre bientôt. En effet, Fox s'élève, Pitt tombe, et il n'a rien de plus pressé que d'aller fomenter une septième coalition. Enfin, les circonstances aidant (ces circonstances sont la ruine et l'abaissement de l'Angleterre), Pitt arrive au but de ses efforts. Il est premier ministre de fait. Il aura quatre ans devant lui pour s'immortaliser, car *John Bull* commence à être révolté de toutes ces luttes.

Au bout de quatre ans, Pitt tombe victime d'intrigues parlementaires. Ses adversaires ont d'autant plus facilement raison de lui qu'ils lui jettent sans cesse à la face ses anciens discours. Ici commence une interminable série de crises ministérielles. C'est au point que Pitt, ayant ressaisi un moment le pouvoir au milieu de ces péripéties et croyant faire trop d'honneur au grand Frédéric en lui proposant une alliance, celui-ci lui fit cette réponse accablante : « Il est bien difficile d'entrer dans un concert de quelque portée avec un pays qui, par l'effet de changements continuels d'administration, n'offre aucune garantie de persistance et de stabilité. »

Mais laissons le vieux Chatham user ses derniers jours dans ces tristes combats. Voici une génération nouvelle, d'autres hommes portant les mêmes noms, un autre Pitt, un autre Fox, qui, pour l'éloquence et le génie, ne le cèdent en rien à leurs devanciers. Mais la loi est restée la même. *Les députés peuvent devenir ministres.* Aussi nous allons retrouver les mêmes coalitions, les mêmes désastres, la même immoralité.

Lord North est chef du cabinet. L'opposition présente un faisceau de noms illustres : Burke, Fox, Pitt, Sheridan, Erskine, etc.

Chatham avait rencontré à son début un ministère pacifique, et naturellement il demandait la guerre. Le second Pitt entre au parlement pendant la guerre ; son rôle est de réclamer la paix.

North résistait au fils, comme Walpole avait résisté au père. L'opposition arriva à la plus extrême violence. Fox alla jusqu'à demander la tête de North.

Celui-ci tombe, un nouveau ministère est composé. Burke, Fox, Sheridan y entrent ; Pitt n'y est pas compris. Quatre mois après, nouveau remaniement, qui fit entrer Pitt dans l'administration et en fit sortir Sheridan, Fox et Burke. Avec qui pense-t-on que Fox va se coaliser ?

avec ce même North ! Étrange spectacle ! Fox voulut d'abord la paix parce que le ministère était belliqueux. Maintenant il veut la guerre parce que le ministère est pacifique. On le voit, guerre ou paix sont de la pure stratégie parlementaire.

Tout absurde et odieuse qu'est cette coalition, elle réussit. Pitt succombe, North est mandé au palais. Mais les ambitions individuelles sont arrivées à ce point, qu'il est impossible de mettre un terme à la crise ministérielle. Elle dure deux mois. Message des Chambres, pétitions des citoyens, embarras du roi, rien n'y fait. Les députés candidats-ministres ne démordent pas de leurs exigences. Georges III songe à jeter au vent une couronne si lourde, et je crois qu'on peut faire remonter à cette époque l'origine de la cruelle maladie dont il fut plus tard affligé. En vérité, il y avait bien de quoi perdre la tête.

Enfin on s'accorde. Voilà Fox ministre, laissant North et Pitt dans l'opposition. Nouvelle crise ; nouvelles difficultés. Pitt triomphe et, malgré la fureur de Fox, devenu chef d'une autre coalition, parvient à se maintenir. Fox ne se contient plus, et se répand en grossières injures. « Compatissant comme je fais, lui répond Pitt, à la situation de l'honorable préopinant, aux tortures de ses espérances trompées, de ses illusions détruites, de son ambition déçue, je déclare que je me croirais inexcusable si les emportements d'un esprit succombant sous le poids des regrets dévorants, pouvaient exciter en moi une autre émotion que celle de la pitié. Je proteste qu'elles n'ont pas la puissance de provoquer mon courroux, pas même mon mépris. »

Je m'arrête. En vérité, cette histoire n'aurait pas de fin. Si j'ai cité des noms illustres, ce n'est certes pas pour le vain plaisir de dénigrer de grandes renommées. J'ai pensé que ma démonstration en aurait d'autant plus de force. Si une loi imprudente a pu abaisser à ce point des hommes tels que les Pitt et les Fox, qu'a-t-elle produit sur des âmes plus vulgaires, des Walpole, des Burke, des North ?

Ce qu'il faut remarquer surtout, c'est que l'Angleterre a été le jouet et la victime de ces coalitions. L'une aboutit à une guerre ruineuse ; l'autre à une paix humiliante. Une troisième fait échouer le plan de justice et de réparation conçu par Pitt en faveur de l'Irlande. Que de souffrances et de honte ce plan n'eût-il pas épargnées à l'Angleterre et à l'humanité !

Quel triste spectacle que celui de ces hommes d'État livrés à la honte de contradictions perpétuelles! Chatham, dans l'opposition, enseigne que le moindre symptôme de prospérité commerciale en France est une calamité pour la Grande-Bretagne. Chatham, ministre, conclut la paix avec la France, et professe que la prospérité d'un peuple est un bienfait pour tous les autres. Nous sommes habitués à voir dans Fox le défenseur des idées françaises. Il le fut sans doute, quand Pitt nous faisait la guerre. Mais quand Pitt négociait le traité de 1786, Fox disait en propres termes que l'hostilité était l'état naturel, la condition normale des relations des deux peuples.

Malheureusement, ces variations, qui ne sont pour les coalitions que des manœuvres stratégiques, sont prises au sérieux par les peuples. C'est ainsi qu'on les voit implorer tour à tour la paix ou la guerre, au gré des chefs momentanément populaires. C'est là le danger sérieux des coalitions.

On pourra dire avec raison, que depuis quelques années ces sortes de manœuvres sont si décriées en Angleterre, que les hommes d'État n'osent plus s'y livrer. Qu'est-ce que cela prouve, si ce n'est que, par leurs effets désastreux, elles ont enfin ouvert les yeux du peuple et formé son expérience? Je sais bien que l'homme est naturellement progressif, qu'il finit toujours par être éclairé, sinon par la prévoyance, du moins par l'expérience, et qu'une institution vicieuse perd à la longue son efficacité pour le mal à force d'en faire. Est-ce une raison pour l'adopter? Il ne faut pas croire, d'ailleurs, que l'Angleterre ait échappé depuis bien longtemps à ce fléau. Nous l'avons vue de nos jours en éprouver les cruels effets.

En 1824, l'état des finances étant désespéré, un habile ministre, Huskisson, songea à une grande réforme qui alors était fort impopulaire. Huskisson dut se contenter de faire quelques expériences pour préparer et éclairer l'opinion.

Il y avait alors dans le parlement un jeune homme, profond économiste, et qui comprit toute la grandeur, toute la portée de cette réforme. Si, en sa qualité de député, l'accès du ministère lui eût été interdit, il n'aurait eu rien de mieux à faire qu'à aider Huskisson dans sa difficile entreprise. Mais, il y a aussi dans la constitution anglaise un fatal article 79. Et sir Robert Peel, car c'était lui, se dit : « Cette réforme est belle, c'est moi, moi seul qui l'accomplirai. » Mais pour cela, il fallait être ministre. Pour être ministre, il fallait renverser Huskisson, pour le renverser il fallait le dépopulariser, pour le dépopulariser, il fallait décrier l'œuvre qu'on admirait au fond du cœur. C'est à quoi sir Robert s'attacha.

Huskisson mourut sans réaliser sa pensée. Les finances étaient aux abois. Il fallut songer à un moyen héroïque. Russell proposa un bill qui commençait et impliquait la réforme. Sir Robert ne manqua pas d'y faire une opposition furieuse. Le bill échoua. Lord John Russell conseilla au roi, tant la situation était grave, de dissoudre le parlement et d'en appeler aux électeurs. Sir Robert remplit l'Angleterre d'arguments protectionnistes contraires à ses convictions, mais nécessaires à ses vues. Les vieux préjugés l'emportèrent. La nouvelle chambre renversa Russell, et Peel entra au ministère *avec la mission expresse de s'opposer à toute réforme.* Vous voyez qu'il ne redoutait pas de prendre le chemin le plus long.

Mais sir Robert avait compté sur un auxiliaire qui ne tarda pas à paraître : la détresse publique. La réforme ayant été retardée par ses soins, les finances allaient naturellement de mal en pis. Tous les budgets aboutissaient à des déficits effrayants. Les aliments ne pouvant pénétrer dans la Grande-Bretagne, elle fut en proie à la famine escortée comme toujours du crime, de la débauche, de la maladie, de la mortalité. La détresse ! rien n'est plus propre à rendre les peuples changeants. L'opinion, secondée par une ligue puissante, réclama la liberté. Les choses étaient arrivées au point où sir Robert les voulait, et alors, trahissant son passé, trahissant ses commettants, trahissant son parti parlementaire, un beau jour il se proclame converti à l'économie politique, et réalise lui-même cette réforme, que, pour le malheur de l'Angleterre, il a retardée de dix ans, dans le seul but d'en ravir la gloire à d'autres. Cette gloire il l'a conquise ; mais l'abandon de tous ses amis et les reproches de sa conscience la lui font payer chèrement.

Nous avons aussi notre *histoire constitutionnelle*, autrement dit : l'histoire de la guerre aux portefeuilles, guerre qui agite et souvent pervertit le pays tout entier. Je ne m'y arrêterai pas longtemps ; aussi bien, ce ne serait que la reproduction de ce qu'on vient de lire, sauf le nom des personnages et quelques détails de mise en scène.

Le point sur lequel je voudrais surtout attirer l'attention du lecteur, ce n'est pas autant sur ce qu'il y a de déplorable dans les manœuvres des coalitions parlementaires que sur ce qu'il y a de plus dangereux dans un de leurs effets, qui est celui-ci : populariser, pour un temps, l'injustice et l'absurdité ; dépopulariser la vérité même.

Un jour, M. de Villèle s'aperçut que l'État avait du crédit et qu'il pouvait emprunter à 4 1/2 pour cent. Nous avions alors une lourde dette, dont l'intérêt nous coûtait 5 pour cent. M. de Villèle songea à faire aux créanciers de l'État cette proposition : Soumettez-vous à ne toucher désormais que l'intérêt tel qu'il prévaut aujourd'hui dans toutes les transactions, ou bien reprenez votre capital; je suis prêt à vous le rendre. Quoi de plus raisonnable, quoi de plus juste et combien de fois la France a-t-elle vainement réclamé depuis cette mesure si simple?

Mais il y avait, à la Chambre, des députés qui voulaient être ministres. Leur rôle naturel, en conséquence de ce désir, était de trouver M. de Villèle en faute en tout et sur tout. Ils décrièrent donc la *conversion* avec tant de bruit et d'acharnement, que la France n'en voulut à aucun prix. Il semblait que restituer quelques millions aux contribuables, c'était leur arracher les entrailles. Ce bon M. Laffitte, dominé par son expérience financière au point d'oublier son rôle de *coalisé*, s'étant avisé de dire : « Après tout, la conversion a du bon, » fut à l'instant considéré comme renégat, et Paris n'en voulut plus pour député. Rendre impopulaire une juste diminution des intérêts payés aux rentiers! Puisque les coalitions ont fait ce tour de force, elles en feront bien d'autres.— Tant y a, qu'à l'heure qu'il est nous payons encore cette leçon, et, qui pis est, nous ne paraissons pas disposés à en profiter.

Mais voici M. Molé au pouvoir. Deux hommes de talent sont entrés à la Chambre sous l'empire de la charte nouvelle, qui a aussi son article 79. Cet article a soufflé dans l'oreille de nos deux députés ces mots séducteurs : « Si vous parvenez à faire périr M. Molé à force d'impopularité, un de vous prendra sa place. » Et nos deux champions, qui n'ont jamais pu s'entendre sur rien, s'entendent parfaitement pour amasser sur la tête de M. Molé des flots d'impopularité.

Quel terrain vont-ils choisir? Ce sera celui des questions extérieures. C'est à peu près le seul où deux hommes d'opinions politiques opposées puissent momentanément se rencontrer. D'ailleurs, il est merveilleusement propre au but qu'on a en vue. « Le ministère est lâche, traître, il humilie le drapeau français; nous sommes, nous, les vrais patriotes, les défenseurs de l'honneur national. » Quoi de mieux calculé pour abaisser son adversaire et s'élever soi-même aux yeux d'une opinion publique, qu'on sait être si chatouilleuse en fait de point d'honneur? Il est vrai que si on pousse trop loin, dans les masses, cette exaltation de patriotisme, il en pourra résulter d'abord une échauffourée, ensuite une conflagration universelle. Mais ce n'est là qu'une éventualité secondaire aux yeux d'une coalition, l'essentiel est de saisir le pouvoir.

A l'époque dont nous parlons, M. Molé avait trouvé la France engagée par un traité qui portait textuellement, si je ne me trompe, cette clause : « Quand les Autrichiens quitteront les Légations, les Français quitteront Ancône. » Or, les Autrichiens ayant évacué les Légations, les Français évacuèrent Ancône. Rien au monde de plus naturel et de plus juste. A moins de prétendre que la gloire de la France consiste à violer les traités et que la parole lui a été donnée pour tromper ceux avec qui elle traite, M. Molé avait mille fois raison.

C'est pourtant sur cette question que MM. Thiers et Guizot, secondés par l'opinion égarée, parvinrent à le renverser. Et ce fut à cette occasion que M. Thiers professa, sur la valeur des engagements internationaux, cette fameuse doctrine qui en a fait un homme impossible, car elle ne tendait à rien moins qu'à faire de la France elle-même une nation impossible, au moins parmi les peuples civilisés. Mais le propre des coalitions est de créer à ceux qui y entrent des embarras et des obstacles futurs. La raison en est simple. Pendant qu'on est de l'opposition systématique, on affiche des principes sublimes, on étale un patriotisme farouche, on se revêt d'un rigorisme outré. Quand vient l'heure du succès, on entre au ministère, mais on est bien forcé de laisser tout ce bagage déclamatoire à la porte, et l'on suit humblement la politique de son prédécesseur. C'est ainsi que toute foi s'éteint dans la conscience publique. Le peuple voit se perpétuer une politique qu'on lui a enseigné à trouver pitoyable. Il se dit tristement : Les hommes qui avaient gagné ma confiance par leurs beaux discours d'opposition, ne manquent jamais de la trahir quand ils sont ministres. — Heureux s'il n'ajoute pas : Je m'adresserai dorénavant, non à des discoureurs, mais à des hommes d'action.

Nous venons de voir MM. Thiers et Guizot diriger, au sein du parlement, contre M. Molé, les batteries d'Ancône. Je pourrais montrer maintenant d'autres coalitions battre M. Guizot en brèche avec les batteries de Taïti, du Maroc, de Syrie. Mais vraiment l'histoire en deviendrait fastidieuse. C'est toujours la même chose. Deux ou trois députés, appartenant à des partis divers, souvent opposés, quelquefois irréconciliables, se mettent en tête qu'ils doivent être ministres, quoi qu'il puisse arriver. Ils calculent que tous ces partis réunis peuvent faire une majorité ou en approcher. Donc, ils se coalisent. Ils ne s'occupent pas de réformes administratives ou financières sérieuses, pouvant réaliser le bien public. Non, ils ne seraient pas d'accord là-dessus. D'ailleurs, le rôle d'une coalition est d'attaquer violemment les hommes et mollement les abus. Détruire les abus! mais ce serait amoindrir l'héritage auquel elle aspire! Nos deux ou trois meneurs se campent donc sur les questions extérieures. Ils se remplissent la bouche des mots : Honneur national, patriotisme, grandeur de la France, prépondérance. Ils entraînent les journaux, puis l'opinion; ils l'exaltent, la passionnent, la surexcitent, tantôt au sujet du pacha d'Égypte, tantôt à l'occasion du droit de visite, une autre fois à propos d'un Pritchard. Ils nous conduisent jusqu'à la limite de la guerre. L'Europe est dans l'anxiété. De toutes parts les armées grossissent et les budgets avec elles. « Encore un effort! dit la coalition, il faut que le ministère tombe ou que l'Europe soit en feu. » Le ministère tombe en effet; mais les armées restent et les budgets aussi. Un des heureux vainqueurs entre au pouvoir, les deux autres restent en route, et s'en vont former avec les ministres déchus une coalition nouvelle qui passe par les mêmes intrigues pour aboutir aux mêmes résultats. Que si l'on s'avise de dire au ministère de fraîche date : Maintenant diminuez donc l'armée et le budget, il répond : Eh quoi! ne voyez-vous pas combien les dangers de guerre renaissent fréquemment en Europe. — Et le peuple dit : Il a raison. — Et la charge s'accroît à chaque crise ministérielle, jusqu'à ce que, devenue insupportable, les périls factices du dehors sont remplacés par des périls réels au dedans. — Et le ministre dit : Il faut bien armer la moitié de la nation pour tenir l'autre moitié couchée en joue. — Et le peuple, ou du moins cette partie du peuple à qui il reste quelque chose à perdre, dit : Il a raison.

Tel est le triste spectacle qu'offrent au monde la France et l'Angleterre ; si bien que beaucoup de gens sensés en sont venus à se demander si le régime représentatif, quelque logique que la théorie le montre, n'était pas, par sa nature, une cruelle mystification. Cela dépend. Sans l'article 79, il répond aux espérances qu'il avait fait naître, comme le prouve l'exemple des États-Unis. Avec l'article 79, il n'est pour les peuples qu'un enchaînement d'illusions et de déceptions.

Et comment en serait-il autrement ? Des hommes ont rêvé de grandeur, d'influence, de fortune et de gloire. Qui n'y rêve quelquefois ? Tout à coup, le vent de l'élection les jette dans l'enceinte législative. Si la constitution du pays leur disait : « Tu y entres représentant et tu y resteras représentant, » quel intérêt auraient-ils, je le demande, à tourmenter, entraver, déconsidérer et renverser le pouvoir ? Mais, loin de leur tenir ce langage, elle dit à l'un : « Le ministre a besoin de grossir ses phalanges, et il dispose de hautes positions politiques que je ne t'interdis pas ; » à l'autre : « Tu as de l'audace et du talent, voilà le banc des ministres : si tu parviens à les en chasser, ta place y est marquée. »

Alors, et cela est infaillible, alors commencent ces tumultes d'accusations furieuses, ces efforts inouïs pour mettre de son côté la force d'une popularité éphémère, cet étalage fastueux de principes irréalisables quand on attaque et de concessions abjectes quand on se défend. Ce n'est que piéges et contre-piéges, feintes et contre-feintes, mines et contre-mines. La politique devient une stratégie. Les opérations se poursuivent au dehors, dans les bureaux, dans les commissions, dans les comités. Le moindre petit accident parlementaire, une élection de questeur est un symptôme qui fait palpiter les cœurs de crainte ou d'espérance ; s'il s'agissait du Code civil lui-même, on n'y prendrait pas tant d'intérêt. On voit se liguer les éléments les plus hétérogènes et se dissoudre les plus naturelles alliances. Ici l'esprit de parti forme une coalition. Là, la souterraine habileté ministérielle en fait échouer une autre. S'agit-il d'une loi d'où dépend le bien-être du peuple, mais qui n'implique pas la *question de confiance*, la salle est déserte. En revanche, tout événement que le temps amène, portât-il dans ses flancs une conflagration générale, est toujours le bien-venu s'il présente un terrain où se puissent appuyer les échelles d'assaut. Ancône, Taïti, Maroc, Syrie, Pritchard, droit de visite, fortifications, tout est bon, pourvu que la coalition y trouve la force qui renversera le cabinet. Alors, nous sommes saturés de ces lamentations dont la forme est stéréotypée : « Au dedans la France est souffrante, etc., etc.; au dehors la France est humiliée, etc., etc. » Est-ce vrai? est-ce faux? On ne s'en met pas en peine. Cette mesure nous brouillera-t-elle avec l'Europe? Nous forcera-t-elle à tenir éternellement cinq cent mille hommes sur pied? Arrêtera-t-elle la marche de la civilisation? Créera-t-elle des obstacles à toute administration future? Ce n'est pas ce dont il s'agit. Au fond, une seule chose intéresse : la chute ou le triomphe d'un nom propre.

Et ne croyez pas que cette perversité politique n'envahisse au sein du parlement que les âmes vulgaires, les cœurs dévorés d'une ambition de bas étage, les pròsaïques amants de places bien rémunérées. Non, elle s'attaque encore et surtout aux âmes d'élite, aux nobles cœurs, aux intelligences puissantes. Pour dompter de tels hommes, il suffit que l'article 79 éveille au fond de leur conscience, au lieu de cette pensée triviale : *Tu réaliseras tes rêves de fortune*, cette autre pensée bien autrement dominatrice : *Tu réaliseras tes rêves de bien public.* Lord Chatham avait donné des preuves d'un grand désintéressement; M. Guizot n'a jamais été accusé d'adorer le veau d'or. On a vu ces deux hommes dans les coalitions, et qu'y faisaient-ils? Tout ce que peut suggérer la soif du pouvoir et pis peut-être que ne pourrait suggérer la soif des richesses. Afficher des sentiments qu'ils n'avaient pas; se parer d'un patriotisme farouche qu'ils n'approuvaient pas; susciter des embarras au gouvernement de leur pays, faire échouer les négociations les plus importantes, pousser le journalisme et l'esprit public dans les voies les plus périlleuses, créer à leur propre ministère futur les difficultés de tels précédents, se préparer d'avance de honteuses palinodies, voilà ce qu'ils faisaient. Et pourquoi? Parce que le démon tentateur, caché sous la forme d'un article 79, avait murmuré à leur oreille ces mots dont depuis l'origine il sait la séduction : « *Eritis sicut dii*; renversez tout sur votre passage, mais arrivez au pouvoir et vous serez la providence des peuples. » Et le député succombant prononce des discours, expose des doctrines, se livre à des actes que sa conscience réprouve. Il se dit : « Il le faut bien pour me frayer la route. Que je parvienne enfin au ministère, je saurai bien reprendre ma pensée réelle et mes vrais principes. »

Il est donc bien peu de députés que la perspective du ministère ne fasse dévier de cette ligne de rectitude où leurs commettants avaient le droit de les voir marcher. Encore, si la guerre des portefeuilles, ce fléau que le fabuliste aurait bien pu faire entrer dans sa triste énumération entre la peste et la famine, si, dis-je, la guerre aux portefeuilles se renfermait dans l'enceinte du palais national! Mais le champ de bataille s'élargit peu à peu jusqu'aux frontières, et par delà les frontières du pays. Les masses belligérantes sont partout; les chefs seuls sont dans la Chambre. Ils savent que pour arriver au corps de la place, il faut commencer par emporter les ouvrages extérieurs, le journalisme, la popularité, l'opinion, les majorités électorales. Il est donc fatal que toutes ces forces, à mesure qu'elles s'enrôlent pour ou contre la coalition, s'imprègnent et s'imbibent des passions qui s'agitent dans le parlement. Le journalisme, d'un bout à l'autre de la France, ne discute plus, il plaide. Il plaide chaque loi, chaque mesure, non point en ce qu'elles ont de bon ou de mauvais, mais au seul point de vue de l'assistance qu'elles peuvent prêter momentanément à tel ou tel champion. La presse ministérielle n'a plus qu'une devise : *E sempre bene;* et la presse opposante, comme la vieille femme de la satire, laisse lire sur son jupon ce mot : *Argumentabor.*

Quand le journalisme est ainsi décidé à tromper le public et à se tromper lui-même, il peut accomplir en ce genre des miracles surprenants. Rappelons-nous le *droit de visite.* Pendant je ne sais combien d'années ce traité s'exécutait sans que personne en prît souci. Mais une coalition ayant eu besoin d'un expédient stratégique, elle déterra ce malencontreux traité, et en fit la base de ses opérations. Bientôt, aidée du journalisme, elle parvint à faire croire à tous les Français qu'il ne renfermait qu'une clause ainsi conçue : « Les navires de guerre anglais auront le droit de visiter les navires du commerce français. » Il n'est pas besoin de dire l'explosion de patriotisme que devait faire éclater une telle hypothèse. Ce fut au point qu'on ne comprend pas encore comment une guerre universelle put être évitée. Je me rappelle m'être trouvé à cette époque dans un cercle nombreux où l'on fulminait contre l'odieux traité. Quelqu'un s'avisa de dire : *Qui de vous l'a lu?* Il fut heureux pour lui que les auditeurs ne trouvassent pas de pierres sous leur main, il aurait été infailliblement lapidé.

Au reste, l'enrôlement des journaux dans la guerre de portefeuilles et le rôle qu'ils y jouent ont été dévoilés par l'un d'eux en termes qui méritent d'être reproduits ici (*Presse* du 17 novembre 1845) :

« M. Peletin décrit la presse telle qu'il la comprend, comme il se plaît à la rêver. De bonne foi, croit-il que lorsque le *Constitutionnel*, le *Siè-*

cle, etc., s'attaquent à M. Guizot, que lorsqu'à son tour le *Journal des Débats* s'en prend à M. Thiers, ces feuilles combattent uniquement pour l'idée pure, pour la vérité provoquée par le besoin intérieur de la conscience ? Définir ainsi la presse, c'est la peindre telle qu'on l'imagine, ce n'est pas la peindre telle qu'elle est. Il ne nous en coûte aucunement de le déclarer, car si nous sommes journaliste, nous le sommes moins par vocation que par circonstance. Nous voyons tous les jours la presse au service des passions humaines, des *ambitions rivales*, des *combinaisons ministérielles*, des *intrigues parlementaires*, des calculs politiques les plus divers, les plus opposés, les moins nobles ; nous la voyons s'y associer étroitement. Mais nous la voyons rarement au service des idées; et quand, par hasard, il arrive à un journal de s'emparer d'une idée, *ce n'est jamais pour elle-même, c'est toujours comme instrument de défense ou d'attaque* MINISTÉRIELLE. Celui qui écrit ces lignes parle ici avec expérience. Toutes les fois qu'il a essayé de faire sortir le journalisme de l'ornière des partis pour le faire entrer dans le champ des idées et des réformes, dans la voie des saines applications de la science économique à l'administration publique, il s'est trouvé tout seul, et il a dû reconnaître qu'*en dehors du cercle étroit tracé par les lettres assemblées de quatre ou cinq noms propres*, il n'y avait pas de discussion possible, il n'y avait pas de politique.

En vérité, je ne sais plus à quelle démonstration recourir si le lecteur n'est pas scandalisé, épouvanté d'un si effroyable aveu !

Enfin, comme le mal, parti du parlement, envahit le journalisme, par le journalisme il envahit l'opinion publique tout entière. Comment le public ne serait-il pas égaré, quand, jour après jour, la TRIBUNE et la PRESSE s'appliquent à ne laisser arriver jusqu'à lui que de fausses lueurs, de faux jugements, de fausses citations et de fausses assertions ?

Nous avons vu que le terrain sur lequel se livre ordinairement la bataille ministérielle, c'est la question extérieure d'abord, ensuite la corruption parlementaire et électorale.

Quant à la question extérieure, tout le monde comprend le danger de ce travail incessant auquel se livrent les coalitions pour attiser les haines nationales, irriter l'orgueil patriotique, persuader au pays que l'étranger ne songe qu'à l'humilier et le pouvoir exécutif qu'à le trahir. Qu'il me soit permis de dire que ce danger est peut-être plus grand en France que partout ailleurs. Notre civilisation nous fait une nécessité du travail. C'est notre moyen d'existence et de progrès. Le travail se développe par la sécurité, la liberté, l'ordre et la paix. Malheureusement l'éducation universitaire est en contradiction flagrante avec ces besoins de notre temps. En nous faisant vivre pendant toute notre jeunesse de la vie des Spartiates et des Romains, elle entretient dans nos âmes ce sentiment commun aux enfants et aux barbares : l'admiration de la force brutale. La vue d'un beau régiment, le bruit des fanfares, l'aspect de ces machines que les hommes ont inventées pour se casser réciproquement les bras et les jambes, les poses d'un tambour-major, tout cela nous met en extase. Comme les barbares, nous croyons que *patriotisme* signifie *haine de l'étranger*. Dès que notre intelligence commence à poindre, on ne l'entretient que des vertus militaires, de la grande politique des Romains, de leur profonde diplomatie, de la force de leurs légions. Nous apprenons la morale dans Tite-Live. Notre catéchisme, c'est Quinte-Curce, et on offre à notre enthousiasme, comme l'idéal de la civilisation, un peuple qui avait fondé ses moyens d'existence sur le pillage méthodique du monde entier. Il est aisé de comprendre combien les efforts des coalitions parlementaires, toujours dirigés dans le sens de la guerre, nous trouvent bien disposés à les seconder. Elles ne sauraient semer sur un champ mieux préparé. Aussi il a tenu à bien peu de chose que dans l'espace de quelques années elles ne nous aient mis aux prises avec l'Espagne, avec le Maroc, avec la Turquie, avec la Russie, avec l'Autriche, et trois fois avec l'Angleterre. Où en serait la France si de telles calamités n'eussent pas été détournées à grand'peine et presque malgré elle? Louis-Philippe est tombé, mais rien ne m'empêchera de dire qu'il a rendu au monde l'immense service de maintenir la paix. Que de sueurs lui a coûtées ce succès digne des bénédictions des peuples! Et pourquoi? (c'est ici le cœur de ma thèse) parce qu'à un moment donné la paix n'avait plus pour elle l'opinion publique. Et pourquoi n'avait-elle pas pour elle l'opinion? Parce qu'elle ne convenait pas aux journaux. Et pourquoi ne convenait-elle pas aux journaux? Parce qu'elle était importune à tel député, candidat ministre. Et pourquoi enfin était-elle importune à ce député? Parce que les accusations de faiblesse, de trahison, ont été, sont et seront toujours l'arme favorite des députés qui, aspirant aux portefeuilles, ont besoin de renverser ceux qui les tiennent.

L'autre point sur lequel les coalitions attaquent ordinairement le ministère, c'est la corruption. A cet égard, pendant le dernier régime, elles avaient beau jeu. Mais cette corruption même, les coalitions n'en font-elles pas, pour ainsi dire, une fatalité? Le pouvoir qu'on attaque sur un sujet où il a raison, comme, par exemple, quand on veut le pousser à une guerre injuste, se défend d'abord par la raison. Mais bientôt il s'aperçoit qu'elle est impuissante et qu'elle vient se briser contre une opposition systématique. Alors, quelle ressource lui reste? C'est de se créer à tout prix une majorité compacte et d'opposer *parti pris* à *parti pris*. Ce fût l'arme défensive de Walpole, ç'a été celle de M. Guizot. On ne m'accusera pas, j'espère, de présenter ici l'apologie ou la justification de la corruption. Mais je dis ceci : le cœur humain étant donné, les coalitions la rendent fatale. Le contraire implique contradiction, car si le ministère était honnête, il tomberait. Il existe, donc il corrompt. Il n'y a jamais eu de cabinets un peu stables que ceux qui se sont créé ainsi une majorité quand même : Walpole, North, Villèle, Guizot.

Et maintenant que le lecteur veuille bien se représenter un pays où les grandes réunions politiques, les Chambres, les corps électoraux sont incessamment travaillés d'un côté par les manœuvres de l'opposition systématique, aidée du journalisme, semant la haine, le mensonge et les idées belliqueuses ; de l'autre par les manœuvres ministérielles infiltrant la vénalité et la corruption jusqu'aux dernières fibres du corps social ! Et cela dure des siècles. Et cela devient l'état permanent du régime représentatif. Faut-il s'étonner si les honnêtes gens finissent par en désespérer ? Il est vrai que l'on voit de temps en temps les meneurs changer de rôle. Mais cette circonstance ne fait que substituer aux derniers vestiges de la foi un scepticisme universel et indélébile.

Il faut finir. Je terminerai par une considération de la plus haute importance.

L'Assemblée nationale a fait une constitution. Nous devons la respecter profondément. C'est l'ancre de salut de nos destinées. Ce n'est pourtant pas une raison pour fermer les yeux aux dangers qu'à titre d'œuvre humaine elle peut présenter, si surtout nous nous proposons pour but, dans cet examen consciencieux, d'éloigner de toutes les institutions accessoires ce qui serait de nature à développer un germe funeste.

Tout le monde est d'accord, je crois, sur ce point que le danger de notre constitution est de mettre en présence deux pouvoirs qui sont ou peuvent se croire rivaux et égaux, parce qu'ils se prévalent tous deux du suffrage universel d'où ils émanent. Déjà la possibilité d'un conflit insoluble alarme beaucoup d'esprits et a donné naissance à deux théories bien tranchées. Les uns prétendent que la révolution de Février dirigée contre l'ancien pouvoir exécutif n'a pu vouloir amoindrir la prépondérance du pouvoir législatif. Le président du conseil a soutenu au contraire que si autrefois le ministère devait reculer devant les majorités, il n'en était pas de même aujourd'hui. Quoi qu'il en soit, tous les amis sincères de la sécurité, de l'ordre, de la stabilité, doivent désirer ardemment que l'occasion même de ce conflit de pouvoirs ne naisse pas, et que le danger, s'il existe, reste à l'état latent.

S'il en est ainsi, irons-nous déposer de gaieté de cœur, dans la loi électorale, une cause évidente de crises ministérielles factices? En présence de l'énorme difficulté constitutionnelle qui nous frappe et nous épouvante, organiserons-nous, avant de nous séparer, les luttes parlementaires, comme pour multiplier à plaisir les chances du conflit?

Qu'on songe donc à ceci : ce qu'on appelait autrefois *crises ministérielles*, s'appellera désormais *conflit de pouvoirs,* et en prendra les gigantesques proportions. Nous l'avons déjà vu, quoique la constitution ait à peine deux mois d'existence, et sans l'admirable modération de l'Assemblée nationale, nous serions maintenant en pleine tempête révolutionnaire.

Certes, voilà un motif puissant pour que nous évitions de créer des causes factices de *crises ministérielles*. Sous la monarchie représentative, elles ont fait beaucoup de mal ; mais enfin, il y avait une solution. Le roi pouvait dissoudre la Chambre et en appeler au pays. Si le pays condamnait l'opposition, cela résultait de la majorité nouvelle, et l'harmonie des pouvoirs était rétablie. S'il condamnait le ministère, cela résultait encore de la majorité, et le roi ne pouvait se refuser à céder.

Maintenant la question ne se pose plus entre l'opposition et le ministère. Elle se pose entre le pouvoir législatif et le pouvoir exécutif, tous deux ayant un mandat d'une durée déterminée, c'est-à-dire qu'elle se pose entre deux manifestations du suffrage universel.

Encore une fois, je ne recherche pas ici qui doit céder, je me borne à dire : acceptons l'épreuve si elle nous arrive naturellement ; mais ne commettons pas l'imprudence de la faire naître artificiellement plusieurs fois par année.

Or je le demande, en m'appuyant sur les leçons du passé, déclarer que les représentants peuvent aspirer aux portefeuilles, n'est-ce pas fomenter les coalitions, multiplier les crises ministérielles, ou, pour mieux dire, les conflits de pouvoirs ? Je livre cette réflexion à mes collègues.

Maintenant j'aborde deux objections.

On dit : Vous voyez bien des choses dans l'admissibilité des députés au ministère. A vous entendre, il semble que, sans elle, la république serait un paradis. En leur fermant la porte du pouvoir, croyez-vous donc éteindre toutes les passions ? N'avez-vous pas déclaré vous-même qu'en Angleterre les coalitions deviennent impossibles à force d'être impopulaires, et n'a-t-on pas vu Peel et Russell se prêter réciproquement un loyal concours ?

Cet argument revient à ceci : De ce qu'il y aura toujours de mauvaises passions, concluons qu'il faut mettre dans la loi un aliment à la plus mauvaise de toutes.—Qu'avec le temps et à force de faire du mal les coalitions s'usent, je le crois. Il n'y a pas de fléau dont on n'en puisse dire autant, et c'est un singulier motif pour en mettre le germe dans nos lois. Des guerres inutiles, des impôts accablants, fruit des coalitions, ont appris à l'Angleterre à les mépriser. Je ne dis pas qu'au bout de deux ou trois siècles, au prix des mêmes calamités, nous ne puissions apprendre la même leçon. La question est de savoir s'il vaut mieux repousser une mauvaise loi, ou l'adopter sur ce fondement que l'excès du mal qui en sortira provoquera, dans cent ans, une réaction vers le bien.

On dit encore : Interdire le ministère aux députés, c'est priver le pays de tous les grands talents qui se révèlent dans l'Assemblée nationale.

Je dis, moi, que c'est au contraire retenir les grands talents au service du bien général. Montrer à un homme de génie qui est représentant la perspective du pouvoir, c'est l'entraîner à faire cent fois plus de mal comme membre d'une coalition, qu'il ne fera jamais de bien comme membre d'un cabinet. C'est tourner son génie même contre le repos public.

Ne nous faisons-nous pas d'ailleurs illusion quand nous nous imaginons que tous les grands talents sont à la Chambre? Croit-on qu'il n'y a pas dans toute l'armée de quoi faire un bon ministre de la Guerre? Dans toute la magistrature de quoi fournir un bon ministre de la Justice ?

S'il y a des hommes de génie à la Chambre, qu'ils y restent. Ils exerceront une bonne influence sur les majorités et sur les ministères, d'autant qu'ils n'auront plus intérêt à en exercer une mauvaise.

Au reste, l'objection eût-elle quelque valeur, elle s'efface devant les dangers incommensurablement supérieurs des coalitions, conséquences fatales de l'article que je combats. Espérons-nous trouver une solution qui n'ait aucun inconvénient ? De deux maux, sachons choisir le moindre. C'est une singulière logique, à l'usage de tous les sophistes, que celle-ci : Votre proposition a un *petit* inconvénient; la mienne en a d'énormes. Donc, il faut repousser la vôtre à cause du *petit* inconvénient qui y est attaché.

Résumons cette trop longue et en même temps trop courte dissertation.

La question des incompatibilités parlementaires, c'est le cœur même de la Constitution. Nous n'en avons remué aucune depuis un an qu'il importe autant de bien résoudre.

La solution conforme à la justice, à l'utilité générale me semble résider dans deux principes clairs, simples, incontestables.

1° Pour arriver à l'Assemblée nationale, pas d'exclusion, mais seulement des précautions à l'égard des fonctionnaires publics.

2° Pour passer de la représentation aux places, exclusion absolue.

En d'autres termes :

Tout électeur est éligible.

Tout représentant doit rester représentant.

Tout cela se trouve dans l'amendement que j'ai formulé en ces termes :

1° Le fonctionnaire public, nommé représentant, sans perdre ses droits et ses titres, ne pourra être promu ni destitué ; il ne pourra exercer ses fonctions ni en percevoir le traitement pendant toute la durée de son mandat.

2° Un représentant ne peut accepter aucune fonction publique, et notamment celle de MINISTRE.

DISCOURS

DE M. FRÉDÉRIC BASTIAT,

Représentant des Landes,

SUR LA RÉPRESSION DES COALITIONS INDUSTRIELLES.

6

DISCOURS

DE M. FRÉDÉRIC BASTIAT,

Représentant des Landes,

SUR LA RÉPRESSION DES COALITIONS INDUSTRIELLES

Les articles 413, 415 et 416 du Code pénal punissent, mais d'une manière bien inégale, les coalitions des patrons et celles des ouvriers. Une proposition d'abroger ces trois articles avait été renvoyée par l'Assemblée législative à l'examen d'une commission, qui ne la jugea pas admissible et pensa qu'il était indispensable de maintenir les dispositions répressives, en les modifiant, toutefois, pour les rendre impartiales.

Ce but, il est permis de le dire, ne fut pas atteint par les modifications formulées. M. Morin, manufacturier et représentant de la Drôme, persuadé que la seule base sur laquelle puisse s'établir le bon accord entre les ouvriers et les patrons, c'est l'égalité devant la loi, voulut amender les conclusions de la commission conformément à ce principe. L'amendement qu'il présenta fut appuyé, dans la séance du 17 novembre 1849, par M. Bastiat, qui s'exprima en ces termes :

CITOYENS REPRÉSENTANTS,

Je viens appuyer l'amendement de mon honorable ami M. Morin; je ne puis pas l'appuyer sans examiner aussi le projet de la commission. Il est impossible de discuter l'amendement de M. Morin, sans entrer, pour ainsi dire involontairement, dans la discussion générale, car cela oblige à discuter aussi la proposition de la commission.

En effet, l'amendement de M. Morin n'est pas seulement une modification à la proposition principale; il oppose un système à un autre système, et pour se décider il faut bien comparer.

Citoyens, je n'apporte dans cette discussion aucun esprit de parti, aucun préjugé de classe, je ne parlerai pas aux passions; mais l'Assemblée voit que mes poumons ne peuvent lutter contre des orages parlementaires; j'ai besoin de sa plus bienveillante attention.

Pour apprécier le système de la commission, permettez-moi de rappeler quelques paroles de l'honorable rapporteur, M. de Vatimesnil. Il disait : « Il y a un principe général dans les articles 44 et suivants du Code pénal; ce principe général est celui-ci : La coalition, soit entre patrons, soit entre ouvriers, constitue un délit, à une condition, c'est qu'il y ait eu tentative ou commencement d'exécution. » Cela est écrit dans la loi, et c'est ce qui répond tout de suite à une observation présentée par l'honorable M. Morin. Il vous a dit : « Les ouvriers ne pourront donc pas se réunir, venir chez leur patron débattre honorablement avec lui (c'est l'expression dont il s'est servi), débattre honorablement avec lui leurs salaires! »

« Pardonnez-moi, ils pourront se réunir, ajoute M. de Vatimesnil, ils le pourront parfaitement, ils le pourront soit en venant tous, soit en nommant des commissions, pour traiter avec leurs patrons; pas de difficulté quant à cela ; le délit, aux termes du Code, ne commence que quand il y a eu tentative ou commencement d'exécution de coalition, c'est-à-dire lorsque, après avoir débattu les conditions, et malgré l'esprit de conciliation que les patrons, dans leur propre intérêt, apportent toujours dans ces sortes d'affaires, on leur dit : « Mais, après tout, comme vous ne nous donnez pas tout ce que nous vous demandons, nous allons nous retirer, et nous allons, *par notre influence, par des influences qui sont bien connues et qui tiennent à l'identité d'intérêt et à la camaraderie*, nous allons déterminer tous les autres ouvriers des autres ateliers à se mettre en chômage. »

Après cette lecture, je me demande où est le délit; — car dans cette Assemblée, il ne peut y avoir, ce me semble, sur une pareille question, ce qu'on appelle majorité ou minorité systématique. Ce que nous voulons tous, c'est réprimer des délits; ce que nous cherchons tous, c'est de ne pas introduire dans le Code pénal des délits fictifs, imaginaires, pour avoir le plaisir de les punir.

Je me demande où est le délit. Est-il dans la coalition, — dans le chômage, — dans l'influence à laquelle on fait allusion? On dit : C'est la coalition elle-même qui constitue le délit. J'avoue que je ne puis admettre cette doctrine, parce que le mot *coalition* est synonyme d'association ; c'est la même étymologie, le même sens. La coalition, abstraction faite du but qu'elle se propose, des moyens qu'elle emploie, ne peut être considérée comme un délit, et M. le rapporteur le sent lui-même ; car répondant à M. Morin, qui demandait si les ouvriers pouvaient débattre avec les patrons, les salaires, l'honorable M. de Vatimesnil disait : « Ils le pourront certainement ; ils pourront se présenter isolément ou tous ensemble, *nommer des commissions.* » Or, pour nommer des commissions, il faut certainement s'entendre, se concerter, s'associer ; il faut faire une coalition. A strictement parler, ce n'est donc pas dans le fait même de la coalition qu'est le délit.

Cependant, on voudrait l'y mettre, et l'on dit : « Il faut qu'il y ait un commencement d'exécution. » Mais le commencement d'exécution d'une action innocente peut-il rendre cette action coupable ? Je ne le crois pas. Si une action est mauvaise en elle-même, il est certain que la loi ne peut l'atteindre qu'autant qu'il y a un commencement d'exécution. Je dirai même : C'est le commencement d'exécution qui fait l'existence de l'action. Votre langage, au contraire, revient à celui-ci : « Le regard est un délit, mais il ne devient un délit que lorsqu'on commence à regarder. » M. de Vatimesnil reconnaît lui-même qu'on ne peut pas aller rechercher la pensée d'une action coupable. Or, quand l'action est innocente en elle-même, et qu'elle se manifeste par des faits innocents, il est évident que cela n'incrimine pas et ne peut jamais changer sa nature.

Maintenant, qu'est-ce que l'on entend par ces mots « commencement d'exécution ? »

Une coalition peut se manifester, peut commencer à être exécutée de mille manières différentes. Mais non, on ne s'occupe pas de ces mille manières, on se concentre sur le chômage. En ce cas, si c'est le chômage qui est nécessairement le commencement d'exécution de la coalition, dites donc que le chômage est, par lui-même, un délit; punissez donc le chômage; dites que le chômage sera puni; que quiconque aura refusé de travailler au taux qui ne lui convenait pas sera puni. Alors votre loi sera sincère.

Mais y a-t-il une conscience qui puisse admettre que le chômage en lui-même, indépendamment des moyens qu'on emploie, est un délit? Est-ce qu'un homme n'a pas le droit de refuser de vendre son travail à un taux qui ne lui convient pas?

On me répondra : Tout cela est vrai quand il s'agit d'un homme isolé, mais cela n'est pas vrai quand il s'agit d'hommes qui sont associés entre eux.

Mais, messieurs, une action qui est innocente en soi n'est pas criminelle parce qu'elle se multiplie par un certain nombre d'hommes. Lorsqu'une action est mauvaise en elle-même, je conçois que, si cette action est faite par un certain nombre d'individus, on puisse dire qu'il y a aggravation ; mais quand elle est innocente en elle-même, elle ne peut pas devenir coupable parce qu'elle est le fait d'un grand nombre d'individus. Je ne conçois donc pas comment on peut dire que le chômage est coupable. Si un homme a le droit de dire à un autre : « Je ne veux pas travailler à telle ou telle condition, » deux ou trois mille hommes ont le même droit ; ils ont le droit de se retirer. C'est là un droit naturel, qui doit être aussi un droit légal.

Cependant on a besoin de jeter un vernis de

culpabilité sur le chômage, et alors comment s'y prend-on? On glisse entre parenthèse ces mots : « Comme vous ne nous donnez pas ce que nous vous demandons, nous allons nous retirer; nous allons, *par des influences qui sont bien connues* et qui tiennent à l'identité d'industrie, à la camaraderie... »

Voilà donc le délit ; ce sont *les influenees bien connues*, ce sont les violences, les intimidations; c'est là qu'est le délit; c'est là que vous devez frapper. Eh bien, c'est là ce que frappe l'amendement de l'honorable M. Morin. Comment lui refuseriez-vous vos suffrages?

Mais on nous apporte une autre suite de raisonnements et on dit ceci :

« La coalition porte les deux caractères qui peuvent la faire classer dans le nombre des délits; la coalition est blâmable en elle et ensuite elle produit des conséquences funestes, funestes pour l'ouvrier, funestes pour le patron, funestes pour la société tout entière. »

D'abord, que la coalition soit blâmable, c'est précisément le point sur lequel on n'est pas d'accord, *quod erat demonstrandum*, c'est ce qu'il faut prouver; elle est blâmable selon le but qu'elle se propose et surtout selon les moyens qu'elle emploie. Si la coalition se borne à la force d'inertie, à la passiveté, si les ouvriers se sont concertés, se sont entendus et qu'ils disent : Nous ne voulons pas vendre notre marchandise, qui est du travail, à tel prix, nous en voulons tel autre, et si vous refusez, nous allons rentrer dans nos foyers ou chercher de l'ouvrage ailleurs, — il me semble qu'il est impossible de dire que ce soit là une action blâmable.

Mais vous prétendez qu'elle est funeste. Ici, malgré tout le respect que je professe pour le talent de M. le rapporteur, je crois qu'il est entré dans un ordre de raisonnements au moins fort confus. Il dit : Le chômage est nuisible au patron, car c'est une chose fâcheuse pour le patron qu'un ou plusieurs ouvriers se retirent. Cela nuit à son industrie, de manière que l'ouvrier porte atteinte à la liberté du patron, et par suite à l'art. 13 de la Constitution.

En vérité, c'est là un renversement complet d'idées.

Quoi ! je suis en face d'un patron, nous débattons le prix, celui qu'il m'offre ne me convient pas, je ne commets aucune violence, je me retire,

— et vous dites que c'est moi qui porte atteinte à la liberté du patron, parce que je nuis à son industrie! Faites attention que ce que vous proclamez n'est pas autre chose que l'esclavage. Car qu'est-ce qu'un esclave, si ce n'est l'homme forcé, par la loi, de travailler à des conditions qu'il repousse? (*A gauche.* Très-bien!)

Vous demandez que la loi intervienne parce que c'est moi qui viole la propriété du patron; ne voyez-vous pas, au contraire, que c'est le patron qui viole la mienne? S'il fait intervenir la loi pour que sa volonté me soit imposée, où est la liberté, où est l'égalité? (*A gauche.* Très-bien!)

Ne dites pas que je tronque votre raisonnement, car il est tout entier dans le rapport et dans votre discours.

Vous dites ensuite que les ouvriers, quand ils se coalisent, se font du tort à eux-mêmes, et vous partez de là pour dire que la loi doit empêcher le chômage. Je suis d'accord avec vous, que, dans la plupart des cas, les ouvriers se nuisent à eux-mêmes. Mais c'est précisément pour cela que je voudrais qu'ils fussent libres, parce que la liberté leur apprendrait qu'ils se nuisent à eux-mêmes; et vous, vous en tirez cette conséquence, qu'il faut que la loi intervienne et les attache à l'atelier.

Mais vous faites entrer la loi dans une voie bien large et bien dangereuse.

Tous les jours vous accusez les socialistes de vouloir faire intervenir la loi en toutes choses, de vouloir effacer la responsabilité personnelle.

Tous les jours, vous vous plaignez de ce que, partout où il y a un mal, une souffrance, une douleur, l'homme invoque sans cesse la loi et l'État.

Quant à moi, je ne veux pas que, parce qu'un homme chôme et que par cela même il dévore une partie de ses économies, la loi puisse lui dire : « Tu travailleras dans cet atelier quoiqu'on ne t'accorde pas le prix que tu demandes. » Je n'admets pas cette théorie.

Enfin vous dites qu'il nuit à la société tout entière.

Il n'y a pas de doute qu'il nuit à la société; mais c'est le même raisonnement : un homme juge qu'en cessant de travailler il obtiendra un meilleur taux de salaire dans huit ou dix jours; sans doute c'est une déperdition de travail pour la société, mais que voulez-vous faire? Voulez-vous que la loi remédie à tout? C'est impossible; il faudrait alors dire qu'un marchand qui attend pour vendre son café, son sucre, de meilleurs temps, nuit à la société; il faudrait donc invoquer toujours la loi, toujours l'État!

On avait fait contre le projet de la commission une objection qu'il me semble qu'on a traitée bien légèrement, trop légèrement, car elle est fort sérieuse. On avait dit : De quoi s'agit-il? Il y a des patrons d'un côté, des ouvriers de l'autre; il s'agit de règlement de salaires. Évidemment, ce qu'il faut désirer, le salaire se réglant par le jeu naturel de l'offre et de la demande, c'est que la demande et l'offre soient aussi libres, ou, si vous voulez, aussi contraintes l'une que l'autre. Pour cela, il n'y a que deux moyens : il faut, ou laisser les coalitions parfaitement libres, ou les supprimer tout à fait.

On vous objecte, — et vous avouez — qu'il est tout à fait impossible à votre loi de tenir la balance équitable, que les coalitions d'ouvriers, se faisant toujours sur une très grande échelle et en plein jour, sont bien plus faciles à saisir que les coalitions de patrons.

Vous avouez la difficulté; mais vous ajoutez

aussitôt : La loi ne s'arrête pas à ces détails. — Je réponds qu'elle doit s'y arrêter. Si la loi ne peut réprimer un prétendu délit qu'en commettant envers toute une classe de citoyens la plus criante et la plus énorme des injustices, elle doit s'arrêter. Il y a mille cas analogues où la loi s'arrête.

Vous avouez vous-mêmes que, sous l'empire de votre législation, l'offre et la demande ne sont plus à deux de jeu, puisque la coalition des patrons ne peut pas être saisie ; et c'est évident : deux, trois patrons, déjeunant ensemble, font une coalition, personne n'en sait rien. Celle des ouvriers sera toujours saisie, puisqu'elle se fait au grand jour.

Puisque les uns échappent à votre loi, et que les autres n'y échappent pas, elle a pour résultat nécessaire de peser sur l'offre et de ne pas peser sur la demande, d'altérer, au moins en tant qu'elle agit, le taux naturel des salaires, et cela d'une manière systématique et permanente. C'est ce que je ne puis pas approuver. Je dis que, puisque vous ne pouvez pas faire une loi également applicable à tous les intérêts qui sont en présence, puisque vous ne pouvez leur donner l'égalité, laissez-leur la liberté, qui comprend en même temps l'égalité.

Mais si l'égalité n'a pas pu être atteinte comme résultat dans le projet de la commission, l'est-elle au moins sur le papier? Oui, je crois que la commission, et j'en suis certain, a fait de grands efforts pour atteindre au moins l'égalité apparente. Cependant elle n'y a pas encore réussi, et, pour s'en convaincre, il suffit de comparer l'art. 414 à l'art. 415, celui qui concerne les patrons à celui qui concerne les ouvriers. Le premier est excessivement simple; on ne peut s'y tromper; la justice quand elle poursuivra, — le délinquant quand il se défendra, — sauront parfaitement à quoi s'en tenir.

« Sera punie... 1° toute coalition entre ceux qui font travailler les ouvriers, tendant à *forcer* l'abaissement des salaires, s'il y a eu tentative ou commencement d'exécution. »

J'appelle votre attention sur le mot *forcer*, qui ouvre une grande latitude à la défense des patrons : Il est vrai, diront-ils, que nous nous sommes réunis deux ou trois; nous avons pris des mesures pour produire la baisse des sa-

R.F.

laires, mais nous n'avons pas essayé de *forcer*. — C'est un mot très important qui ne se trouve pas dans l'article suivant.

En effet, l'article suivant est extrêmement élastique; il ne comprend pas un seul fait, il en comprend un très grand nombre.

« Toute coalition d'ouvriers pour faire cesser en même temps les travaux, pour interdire le travail dans les ateliers, pour empêcher de s'y rendre avant ou après certaines heures, et, en général, pour suspendre, empêcher, enchérir les travaux (il n'y a pas *forcer*), s'il y a tentative ou commencement d'exécution, etc. »

Et si l'on disait que j'épilogue sur le mot *forcer*, j'appellerais l'attention de la commission sur l'importance qu'elle a donnée elle-même à ce mot. (Bruit).

Un membre à gauche. La droite n'accorde pas le silence. Quand on dit de bonnes choses, on interrompt toujours. Racontez une histoire, on vous écoutera.

M. Frédéric Bastiat. Dans le désir d'arriver, au moins sur le papier, puisque c'est impossible en fait, à une certaine égalité, la commission avait deux voies à prendre relativement aux expressions *injustement* et *abusivement* que contient l'art. 414.

Il fallait évidemment ou supprimer, dans l'art. 414, ces mots qui ouvraient une voie très large à la défense des patrons, ou l'introduire dans l'art. 415 pour ouvrir la même porte aux ouvriers. La commission a préféré la suppression des mots *injustement* et *abusivement*. Sur quoi s'est-elle fondée? Elle s'est fondée précisément sur ce que, immédiatement après ces mots, venait le mot *forcer*, et ce mot, souligné cinq fois dans une seule page de son rapport, prouve qu'elle y attache une grande importance; mais elle s'en est exprimée très catégoriquement; elle a dit :

« Quand un concert de mesures contraires aux lois a été établi pour *forcer* l'abaissement des salaires, il est impossible de le justifier. Un tel fait est nécessairement *injuste* et *abusif*; car *forcer* l'abaissement des salaires, c'est produire, par un pacte aussi illicite que contraire à l'humanité, un abaissement de salaires qui ne serait pas résulté des circonstances industrielles et de la libre concurrence; d'où il suit que l'emploi de ces mots *injustement* et *abusivement* choque le bon sens. »

Ainsi, comment a-t-on justifié l'élimination qu'on a faite des mots *injustement* et *abusivement?* On a dit : C'est un pléonasme ; le mot *forcer* remplace tout cela.

Mais, messieurs, quand il s'est agi des ouvriers, on n'a plus mis le mot *forcer*, et dès lors les ouvriers n'ont plus la même chance de défense ; on a mis seulement qu'ils ne pourraient *enchérir* les salaires, non plus en *forcer injustement ou abusivement* l'élévation, mais les *enchérir* seulement. Il y a encore là, au moins dans la rédaction, un vice, une inégalité qui vient s'enter sur l'inégalité bien plus grave dont j'ai parlé tout à l'heure.

Tel est, messieurs, le système de la commission, système qui, selon moi, est vicieux de tout point, vicieux théoriquement, et vicieux pratiquement, système qui nous laisse dans une incertitude complète sur ce que c'est que le délit. Est-ce la coalition, est-ce le chômage, est-ce l'abus, est-ce la force? On n'en sait rien. Je défie qui que ce soit, l'esprit le plus logique, de voir où commence et où finit l'impunité. Vous me dites : « La coalition est un délit. Cependant vous pouvez nommer une commission. » — Mais je ne suis pas sûr de pouvoir nommer une commission et envoyer des délégués, quand votre rapport est plein de considérations, desquelles il résulte que la coalition est l'essence même du délit.

Je dis ensuite que, pratiquement, votre loi est pleine d'inégalités; elle ne s'applique pas exactement et proportionnellement aux deux partis dont vous voulez faire cesser l'antagonisme. Singulière manière de faire cesser l'antagonisme entre deux partis, que de les traiter d'une manière inégale !

Quant au système de M. Morin, je ne m'y arrèterai pas longtemps; il est parfaitement clair, parfaitement lucide; il repose sur un principe inébranlable et admis par tout le monde : liberté dans l'usage et répression dans l'abus. Il n'y a pas d'intelligence quelconque qui ne donne son adhésion à un pareil principe.

Demandez au premier venu, à qui vous voudrez, si la loi est injuste, partiale lorsqu'elle se contente de réprimer l'intimidation, la violence? Tout le monde vous dira : Ce sont là de vrais délits. D'ailleurs, les lois sont faites pour les ignorants comme pour les savants. Il faut que la définition d'un délit saisisse les intelligences, il faut que la conscience y donne son assentiment; il faut qu'en lisant la loi on dise : En effet, c'est un délit. Vous parlez du respect des lois; c'est là une partie constitutive du respect des lois. Comment voulez-vous qu'on respecte une loi inintelligente et inintelligible? Cela est impossible. (Approbation à gauche.)

Ce qui se passe ici, messieurs, me semble tirer quelque importance de l'analogie parfaite avec ce qui s'est passé dans un autre pays, dont a parlé hier M. de Vatimesnil, l'Angleterre, qui a une si grande expérience en matière de coalitions, de luttes, de difficultés de cette nature. Je crois que cette expérience vaut la peine d'être consultée et apportée à cette tribune.

On vous a parlé des nombreuses et formidables coalitions qui s'y sont manifestées depuis l'abrogation de la loi ou des lois; mais on ne vous a rien dit de celles qui avaient eu lieu auparavant. C'est ce dont il fallait parler aussi; car, pour juger les deux systèmes, il faut les comparer.

Avant 1824, l'Angleterre avait été désolée par des coalitions si nombreuses, si terribles, si énergiques, qu'on avait opposé à ce fléau trente-sept statuts dans un pays où, comme vous le savez, l'antiquité fait, pour ainsi dire, partie de la loi, où on respecte des lois même absurdes, uniquement parce qu'elles sont anciennes. Il faut que ce pays ait été bien travaillé, bien tourmenté par le mal pour qu'il se soit décidé à faire coup sur coup, et dans un court espace de temps, trente-sept statuts, tous plus énergiques les uns que les autres. Eh bien, qu'est-il arrivé? On n'en est pas venu à bout; le mal allait toujours s'aggravant. Un beau jour on s'est dit: Nous avons essayé bien des systèmes, trente-sept statuts ont été faits, essayons si nous pourrons réussir par un moyen bien simple, la justice et la liberté. — Je voudrais que l'on appliquât ce raisonnement dans bien des questions, et l'on trouverait que leur solution n'est pas si difficile qu'on le pense; mais enfin, cette fois, on a fait et appliqué ce raisonnement en Angleterre.

Donc, en 1824, une loi intervint sur la proposition de M. Hume, proposition qui ressemblait tout à fait à celle de MM. Doutre, Greppo, Benoît et Fond : c'était l'abrogation complète, totale, de ce qui avait existé jusqu'alors. La justice, en Angleterre, se trouva alors désarmée en face des coalitions, même contre la violence, l'intimidation et les menaces, faits qui cependant viennent aggraver la coalition. A ces faits-là on ne pouvait appliquer que les lois relatives aux menaces, aux rixes accidentelles qui ont lieu dans les rues ; de sorte que, l'année d'après, en 1825, le ministre de la justice vint demander une loi spéciale qui laisserait la liberté complète aux coalitions, mais qui aggraverait la peine appliquée aux violences ordinaires : le système de la loi de 1825 est là tout entier.

L'art. 3 porte : « Sera puni d'un emprisonnement et d'une amende, etc..., quiconque par intimidation, menaces ou violences, aura..., etc. »

Les mots *intimidation*, *menaces* et *violences*, reviennent à chaque phrase. Le mot coalition n'est pas même mentionné.

Et puis viennent deux autres articles extrêmement remarquables, que l'on n'admettrait pas probablement en France, parce qu'ils sont virtuellement renfermés dans cette maxime : Ce que la loi ne défend pas est permis.

Il y est dit : « Ne seront pas passibles de cette peine ceux qui se seront réunis, ceux qui se seront coalisés et auront cherché à influer sur le taux des salaires, ceux qui seront entrés dans des conventions verbales ou écrites, etc... »

Enfin, la liberté la plus large et la plus complète y est expressément accordée.

Je dis qu'il y a de l'analogie dans la situation, car ce que vous propose la commission, c'est l'ancien système anglais, celui des statuts. La proposition de M. Doutre et de ses collègues, c'est la proposition de M. Hume qui abolit tout, et qui ne laissait aucune aggravation pour les violences qui étaient concertées, quoique l'on ne puisse méconnaître que les violences méditées par un certain nombre d'hommes offrent plus de dangers que la violence individuelle commise dans la rue. Enfin la proposition de l'honorable M. Morin répond parfaitement à celle qui a amené en Angleterre la loi définitive de 1825.

Maintenant on vous dit : Depuis 1825 l'Angleterre ne se trouve pas bien de ce système. — Elle ne s'en trouve pas bien ? Mais je trouve, moi, que vous vous prononcez sur cette question sans l'avoir assez approfondie. J'ai parcouru l'Angleterre plusieurs fois, j'ai interrogé sur cette question un grand nombre de manufacturiers. Eh bien, je puis affirmer que jamais je n'ai rencontré une personne qui ne s'en applaudît et qui ne fût très satisfaite de ce que l'Angleterre, en cette circonstance, a osé regarder la liberté en face. Et c'est peut-être à cause de cela que plus tard, dans beaucoup d'autres questions, elle a osé encore regarder la liberté en face.

Vous citez la coalition de 1832, qui, en effet, fut une coalition formidable ; mais il faut bien prendre garde et ne pas présenter les faits isolément. Cette année-là, il y avait disette, le blé valait 95 schellings le quarter ; il y avait famine, et cette famine a duré plusieurs années...

M. DE VATIMESNIL, *rapporteur*. J'ai cité la coalition de 1842.

M. BASTIAT. Il y a eu une famine en 1832 et une autre plus forte en 1842.

M. LE RAPPORTEUR. J'ai parlé de la coalition de 1842.

M. BASTIAT. Mon argumentation s'applique avec plus de force encore à l'année 1842. Dans ces temps de disette, qu'arrive-t-il? c'est que les revenus de presque toute la population servent à acheter les objets nécessaires à leur subsistance. On n'achète pas d'objets manufacturés, les ateliers chômment, on est obligé de renvoyer beaucoup d'ouvriers; il y a concurrence de bras, et les salaires baissent.

Eh bien, lorsque, dans les salaires, une grande baisse se manifeste, et que cela se combine avec une famine épouvantable, il n'est pas étonnant que, dans un pays de liberté complète, des coalitions se forment.

C'est ce qui a lieu en Angleterre. Est-ce qu'on a changé de loi pour cela? Pas du tout.

On a vu les causes de ces coalitions, mais on les a bravées. On a puni les menaces, les violences, partout où elle se manifestaient, mais on n'a pas fait autre chose.

On vous a présenté un tableau effrayant de ces associations et on a dit qu'elles tendaient à devenir politiques.

Messieurs, à l'époque dont je parle, il s'agitait une grande question en Angleterre, et cette question était envenimée encore par les circonstances, par la disette; il y avait lutte entre la population industrielle et les propriétaires, c'est-à-dire l'aristocratie qui voulait vendre le blé le plus cher possible, et, qui pour cela, prohibait les blés étrangers. Qu'est-il arrivé? Ces unions, qu'on appelait hier plaisamment *trade-unions*, ces unions, qui jouissaient de la liberté de coalition, voyant que tous les efforts faits par leur coalition n'étaient pas parvenus à faire élever le taux des salaires....

Une voix. C'est ce qui est mauvais.

M. Bastiat. Vous dites que c'est un mal; je dis, au contraire, que c'est un grand bien; les ouvriers se sont aperçus que le taux des salaires ne dépendait pas des patrons, mais d'autres lois sociales, et ils se dirent: « Pourquoi nos salaires ne se sont-ils pas élevés? » La raison en est simple: c'est parce qu'il nous est défendu de travailler pour l'étranger, ou du moins de recevoir en payement du blé étranger. C'est donc à tort que nous nous en prenons à nos patrons; il faut nous en prendre à cette classe aristocratique qui non-seulement possède le sol, mais encore qui fait la loi, et nous n'aurons d'influence sur les salaires que lorsque nous aurons reconquis nos droits politiques.

A gauche. Très bien ! très bien !

M. Bastiat. En vérité, messieurs, trouver quelque chose d'extraordinaire dans cette conduite si simple et si naturelle des ouvriers anglais, c'est presque apporter à cette tribune une protestation contre le suffrage universel en France. (Nouvel assentiment à gauche.)

Il résulte de là que les ouvriers anglais ont appris une grande leçon par la liberté ; ils ont appris qu'il ne dépendait pas de leurs patrons d'élever ou d'abaisser le taux des salaires ; et aujourd'hui l'Angleterre vient de traverser deux ou trois années très difficiles par suite de la pourriture des pommes de terre, du manque de récolte, de la manie des chemins de fer, et par suite aussi des révolutions qui ont désolé l'Europe et fermé les débouchés à ses produits industriels ; jamais elle n'avait passé par des crises semblables. Cependant il n'y a pas eu un fait de coalition répréhensible et pas un seul fait de violence ; les ouvriers y ont renoncé par suite de leur expérience ; c'est là un exemple à apporter et à méditer dans notre pays. (Approbation à gauche.)

Enfin il y a une considération qui me frappe

et qui est plus importante que tout cela; vous voulez le respect des lois, et vous avez bien raison; mais il ne faut pas oblitérer le sens de la justice chez les hommes.

Voilà deux systèmes en présence, celui de la commission et celui de M. Morin.

Figurez-vous qu'alternativement, en vertu de l'un et de l'autre système, on traduise des ouvriers en justice. Eh bien, voilà des ouvriers traduits en justice en vertu de la loi actuelle sur les coalitions; ils ne savent même pas ce qu'on leur demande; ils ont cru qu'ils avaient le droit, jusqu'à un certain point, de se coaliser, de se concerter, et vous le reconnaissez vous-mêmes dans une certaine mesure. Ils disent : Nous avons mangé notre pécule, nous sommes ruinés; ce n'est pas notre faute, c'est celle de la société qui nous tourmente, de patrons qui nous vexent, de la justice qui nous poursuit; ils se présentent devant les tribunaux l'irritation dans le cœur, ils se posent en victimes, et non-seulement ils résistent, mais ceux qui ne sont pas poursuivis sympathisent avec eux; la jeunesse, toujours si ardente, les publicistes se mettent de leur côté. Croyez-vous que ce soit là une position bien belle, bien favorable pour la justice du pays?

Au contraire, poursuivez des ouvriers en vertu du système de M. Morin; qu'ils soient traduits devant la justice; que le procureur de la République dise : Nous ne vous poursuivons pas parce que vous vous êtes coalisés, vous étiez parfaitement libres. Vous avez demandé une augmentation de salaires nous n'avons rien dit; vous vous êtes concertés, nous n'avons rien dit; vous avez voulu le chômage, nous n'avons rien dit; vous avez cherché à agir par la persuasion sur vos camarades, nous n'avons rien dit. Mais vous avez employé les armes, la violence, la menace; nous vous avons traduits devant les tribunaux.

L'ouvrier que vous poursuivrez ainsi courbera la tête, parce qu'il aura le sentiment de son tort et qu'il reconnaîtra que la justice de son pays a été impartiale et juste. (Très-bien!)

Je terminerai, messieurs, par une autre considération, et c'est celle-ci :

Selon moi, il y a une foule de questions agitées maintenant parmi les classes ouvrières, et au sujet desquelles, dans mon opinion très intime et très profonde, les ouvriers s'égarent, et j'appelle votre attention sur ce point : toujours lorsqu'une révolution éclate dans un pays où il y a plusieurs classes échelonnées, superposées et où la première classe s'était attribué certains priviléges, c'est la seconde qui arrive ; elle avait invoqué naturellement le sentiment du droit et de la justice pour se faire aider par les autres. La révolution se fait ; la seconde classe arrive. Elle ne tarde pas le plus souvent à se constituer aussi des priviléges. Ainsi de la troisième, ainsi de la quatrième. Tout cela est odieux, mais c'est toujours possible tant qu'il y a en bas une classe qui peut faire les frais de ces priviléges qu'on se dispute.

Mais il est arrivé ceci, qu'à la révolution de Février c'est la nation tout entière, le peuple tout entier, dans toutes les profondeurs de ses masses, qui est arrivé, ou qui peut arriver, par l'élection, par le suffrage universel, à se gouverner lui-même. Et alors, par un esprit d'imitation que je déplore, mais qui me semble assez naturel, il a pensé qu'il pourrait guérir ses souffrances en se constituant aussi des priviléges, car je regarde le *droit au crédit*, le *droit au travail* et bien d'autres prétentions, comme de véritables priviléges. (Mouvement.)

Et en effet, messieurs, ils pourraient lui être accordés, si au-dessous de lui, ou à sa portée, il y avait une autre classe encore plus nombreuse, trois cents millions de Chinois, par exemple, qui pussent en faire les frais. (Rires d'assentiment.) Or cela n'existe pas; c'est pourquoi chacun des priviléges, les hommes du peuple se les payeraient les uns aux autres, sans profit possible pour eux, au moyen d'un appareil compliqué et en subissant, au contraire, toute la déperdition de l'appareil.

Eh bien, l'Assemblée législative pourra être appelée à lutter contre ces prétentions, qu'il ne faut pas traiter trop légèrement, parce que, malgré tout, elles sont sincères. Vous serez obligés de lutter. Comment lutterez-vous avec avantage si vous refoulez la classe ouvrière lorsqu'elle ne demande rien que de raisonnable; lorsqu'elle demande purement et simplement justice et liberté? Je crois que vous acquerrez une grande force en donnant ici une preuve d'impartialité; vous serez mieux écoutés, vous serez regardés comme le tuteur de toutes les classes et particulièrement de cette classe, si vous vous montrez complétement impartial et juste envers elle. (Vive approbation à gauche.)

En résumé, je repousse le projet de la commission, parce qu'il n'est qu'un Expédient, et que le caractère de tout expédient, c'est la faiblesse et l'injustice. J'appuie la proposition de M. Morin, parce qu'elle se fonde sur un Principe, et il n'y a que les principes qui aient la puissance de satisfaire les esprits, d'entraîner les cœurs, et de se mettre à l'unisson des consciences. On nous a dit : Voulez-vous donc proclamer la liberté par un amour platonique de la liberté? Pour ce qui me regarde, je réponds : Oui. La liberté peut réserver aux nations quelques épreuves, mais elle seule les éclaire, les élève et les moralise. Hors de la liberté, il n'y a qu'Oppression, et, sachez-le bien, amis de l'ordre, le temps n'est plus, s'il a jamais existé, où l'on puisse fonder sur l'Oppression l'union des classes, le respect des lois, la sécurité des intérêts et la tranquillité des peuples.

DISCOURS

SUR L'IMPOT DES BOISSONS,

PRONONCÉ

Par M. FRÉDÉRIC BASTIAT à l'Assemblée législative, le 12 décembre 1849.

Citoyens Représentants,

Je voulais aborder la question de l'impôt des boissons telle qu'elle me paraissait se poser dans toutes vos consciences, c'est-à-dire au point de vue de la nécessité financière et politique. Je croyais, en effet, que la nécessité était le seul motif invoqué à l'appui du maintien de cet impôt ; je croyais qu'à vos yeux il réunissait tous les caractères auxquels la science enseigne à reconnaître les mauvais impôts ; je croyais qu'il était admis que cet impôt est injuste, inégal, d'une perception accompagnée de formalités vexatoires. Mais, puisque ces reproches dirigés contre l'impôt, depuis son établissement, par tous les hommes d'État, sont aujourd'hui contestés, j'en dirai seulement quelques mots, très rapidement.

D'abord, nous prétendons que l'impôt est injuste, et nous nous fondons sur ceci : Voilà des terres qui sont à côté les unes des autres, et qui sont assujetties à un impôt foncier, à un impôt direct; ces terres sont classées, comparées entre elles et taxées selon leur valeur; ensuite chacun peut y faire venir ce qu'il veut; les uns font venir du blé, les autres des herbages, les autres des œillets et des roses, d'autres du vin.

Eh bien, de tous ces produits, il y en a un, il y en a un seul qui, une fois entré dans la circulation, est grevé d'un impôt qui rend au trésor 106 millions. Tous les autres produits agricoles sont affranchis de cette taxe.

On peut dire que l'impôt est utile, nécessaire, ce n'est pas la question que j'aborde; mais on ne peut pas dire qu'il ne soit injuste, au point de vue du propriétaire.

Il est vrai qu'on dit que l'impôt ne retombe pas sur le producteur. C'est ce que j'examinerai tout à l'heure.

Nous disons ensuite que l'impôt est mal réparti.

En vérité, j'ai été fort surpris que cela ait été contesté, car enfin... (Interruption.)

Un membre à droite. Parlez un peu plus haut!

M. le Président. J'invite l'Assemblée au silence.

M. F. Bastiat. Je veux même abandonner cet argument pour aller plus vite.

Voix diverses. Parlez! parlez!

M. F. Bastiat. Il me semble que la chose est tellement claire, qu'il est tellement évident que l'impôt est mal réparti, que véritablement on est embarrassé de le démontrer.

Quand on voit, par exemple, qu'un homme qui, dans une orgie, boit pour 6 francs de vin de de Champagne, paye le même impôt que l'ouvrier, qui a besoin de réparer ses forces pour le travail, et boit pour 6 sous de vin commun, il est impossible de dire qu'il n'y a pas une inégalité, une monstruosité dans la répartition de l'impôt sur les boissons. (Très-bien!)

On a presque fait un calcul infinitésimal pour établir que l'impôt est si peu de chose, que ce sont des fractions de centimes, et qu'on ne devrait pas en tenir compte. C'est ainsi qu'on met sur le dos d'une classe de citoyens 106 millions d'un impôt inique, en leur disant: Ce n'est rien; vous devez vous estimer fort heureux! Les hommes qui invoquent cet argument devraient vous dire ceci : Nous exerçons telle industrie, et nous sommes tellement convaincus que l'impôt, en se divisant, est insensible pour le consommateur sur lequel il retombe, que nous nous assujettissons nous-mêmes à l'impôt indirect et à l'exercice, relativement à l'industrie que nous professons. Le jour où ces hommes viendraient déclarer cela à cette tribune, je dirais : Ils sont sincères dans leur défense de l'impôt sur les boissons.

Mais enfin voici des chiffres. Dans le département de l'Ain, le prix moyen des vins en gros est de 11 fr.; le prix moyen de la vente, au détail, est de 41 fr. Voilà un écart considérable ; il est évident que celui qui peut acheter du vin en gros paye 11 fr., et que celui qui est obligé d'aller l'acheter au détail le paye 41 fr. Entre 11 et 41 fr., la différence est de 30 fr. (Interruption.)

Un membre à droite. Ce n'est pas l'impôt qui fait cette différence; il en est de même pour toutes les marchandises.

M. LE PRÉSIDENT. M. de Charencey a fait ses calculs, laissez l'orateur faire les siens.

M. F. BASTIAT. Je pourrais citer d'autres départements ; j'ai pris le premier sur la liste. Sans doute, il y a le bénéfice du débitant ; mais l'impôt entre pour une proportion considérable dans un tel écart.

On a cherché à prouver des choses si extraordinaires depuis deux jours, que vraiment je ne serais pas étonné que l'on cherchât à prouver celle-ci, que l'impôt ne nuit à personne, ni au producteur, ni au consommateur. Mais alors imposons tout, non-seulement les vins, mais *tous* les produits !

Je dis ensuite que l'impôt est d'une perception très-dispendieuse. Je n'invoquerai pas de chiffres pour le prouver; par les chiffres on prouve beaucoup de choses. Quand on avance des chiffres à cette tribune, on croit leur donner une autorité très grande en disant : ce sont des chiffres officiels. Mais les chiffres officiels trompent comme les autres; cela dépend de l'emploi qu'on en fait.

Le fait est que, lorsque nous voyons le territoire de la France tout entière couvert d'agents, et d'agents bien rétribués pour la perception de cet impôt, il est bien permis de croire que cette perception coûte fort cher.

Enfin, nous disons que cet impôt est accompagné, dans sa perception, de formalités vexatoires. C'est un point que les orateurs qui m'ont précédé à cette tribune, n'ont pas abordé. Cela ne m'étonne pas, car ils appartiennent tous ou presque tous à des départements qui ne cultivent pas la vigne. S'ils habitaient nos départements, ils sauraient que les griefs des propriétaires de vignes contre l'impôt des boissons sont moins dirigés contre l'impôt lui-même, contre son chiffre, que contre ces formalités gênantes, vexatoires et dangereuses, contre les piéges à chaque instant tendus sous leurs pas. (Approbation à gauche.)

Tout le monde comprend que, lorsque l'on conçut cette pensée si extraordinaire, cette immense utopie, car c'en était une grande alors, d'établir un droit sur la circulation des vins, sans qu'un inventaire préalable eût été fait, tout le monde, dis-je, comprend qu'il a fallu, pour assurer la perception de ce droit, imaginer le code le plus préventif, le plus vexatoire même, car autrement, comment aurait-on fait? Il faut que, chaque fois qu'une pièce de vin circule sur la surface du territoire, il y ait là un employé pour savoir si elle est en règle ou non. Cela ne peut se faire sans une armée d'employés et une foule de vexations contre lesquelles, je le répète, les contribuables protestent plus encore que contre la taxe elle-même.

L'impôt des boissons a une autre conséquence très-grave que je n'ai pas entendu signaler à cette tribune.

L'impôt des boissons a jeté la perturbation dans ce grand phénomène économique que l'on appelle la division du travail. Autrefois on cultivait les vins dans les terres qui sont propres à cette culture, sur les coteaux, sur les graviers; on cultivait le blé sur les plateaux, dans les plaines, sur les terrains d'alluvion. Au commencement, on avait imaginé l'inventaire; mais ce mode de perception d'impôt souleva tous les propriétaires. Ils invoquèrent le droit de propriété, et, comme ils étaient trois millions, ils furent écoutés. Alors on rejeta le fardeau sur les cabaretiers, et, comme ils n'étaient que trois cent mille, il fut déclaré, en principe, que la propriété de 300,000 hommes n'était pas aussi bien une propriété que celle de trois millions d'hommes, quoique cependant la propriété n'ait, selon moi, qu'un seul principe.

Mais quel fut le résultat pour les propriétaires? Je crois que les propriétaires portent eux-mêmes le poids de la faute et de l'injustice qu'ils commirent alors. Comme ils avaient la faveur de consommer leurs produits sans payer la taxe, il arriva que, soit pour se soustraire à la taxe, soit pour se soustraire surtout et avant tout aux formalités et aux risques que cette perception fait courir, les propriétaires des plaines, des alluvions, voulurent tous avoir du vin chez eux pour leur consommation. Dans le département que je représente ici, ou du moins dans une grande partie de ce département, je puis affirmer qu'il n'y a pas une métairie où l'on ne plante assez de vignes pour la consommation de la famille : ces vignes produisent du vin très-mauvais, mais cela offre l'immense avantage d'être délivré de l'intervention des contributions indirectes et de tous les risques qui s'attachent à ses visites.

Ce fait explique, jusqu'à un certain point, l'accroissement que l'on a signalé dans la plantation des vignes. On retourne beaucoup cet accroissement contre les plaintes des propriétaires, qui se prétendent victimes d'une injustice; on a l'air de leur dire : Cette injustice ne compte pas, elle n'est rien, puisqu'on plante des vignes en France.

D'abord, je voudrais bien qu'on me citât une

industrie qui, depuis 1788 jusqu'à 1850, dans l'espace de soixante-deux ans, ne se soit pas développée dans cette proportion. Je voudrais savoir, par exemple, si l'industrie de la houille, si l'industrie du fer, si l'industrie du drap ne se sont pas développées dans cette proportion. Je voudrais savoir s'il y a aucune industrie dont on puisse dire qu'elle ne s'est pas accrue d'un quart dans l'espace de soixante ans. Serait-il donc bien étonnant qu'en suivant sa marche naturelle, l'industrie la plus enracinée de notre sol, l'industrie qui pourrait fournir de ses produits l'univers entier, se fût augmentée dans cette proportion? Mais cet accroissement, messieurs, est provoqué par la loi elle-même. C'est la loi qui fait que l'on arrache la vigne sur les coteaux et qu'on en plante dans les plaines, pour se soustraire aux vexations des contributions indirectes. C'est là une perturbation énorme, manifeste.

Je vous prie de me permettre d'appeler toute votre attention sur un fait presque local, puisqu'il ne concerne qu'un seul arrondissement, mais qui a une grande importance, au moins à mes yeux, parce qu'il se rattache à une loi générale.

Ce fait, messieurs, servira aussi à répondre à cet argument qu'on a porté à cette tribune, quand, invoquant l'autorité d'Adam Smith, on a dit que l'impôt retombe toujours sur le consommateur ; d'où il résulte que, depuis quarante ans, tous les propriétaires de vignobles de France ont tort de se plaindre et ne savent ce qu'ils disent. Oui, je suis de ceux qui croient que l'impôt retombe sur le consommateur; j'ajoute cependant cette parenthèse : c'est à la longue, avec beaucoup de temps, quand toutes les propriétés ont changé de mains, à la suite d'arrangements économiques qui sont longs à se faire, que ce grand résultat est atteint, et, pendant tout le temps que dure cette révolution, les souffrances peuvent être très grandes, énormes. Je vais en citer un exemple.

Dans mon arrondissement, qui est vinicole, il y avait autrefois une très grande prospérité; l'aisance était générale; on cultivait la vigne; le vin était consommé soit sur les lieux, soit dans les plaines environnantes, où on ne cultivait pas la vigne, soit à l'étranger, dans le nord de l'Europe.

Tout à coup, la guerre des douanes d'un côté,

la guerre d'octrois de l'autre et les droits réunis sont venus et ont déprécié la valeur de ce vin.

Le pays dont je parle était cultivé tout entier, surtout en ce qui concerne la vigne, par des métayers. Le métayer avait la moitié, le propriétaire l'autre moitié du produit. La superficie des métairies était cultivée de telle sorte qu'un métayer et sa famille pouvaient vivre du produit de la moitié du vin qui leur revenait; mais la valeur du vin se trouvant dépréciée, il est arrivé que le métayer n'a plus pu vivre avec sa portion. Alors il s'est adressé à son propriétaire et il lui a dit : Je ne puis plus cultiver votre vigne si vous ne me nourrissez pas. Le propriétaire lui a donné du maïs pour vivre, et puis, au bout de l'année, il a pris toute la récolte pour se rembourser de ses avances. La récolte n'ayant pas suffi au recouvrement de ses avances, le contrat s'est modifié non pas devant le notaire, mais de fait; le propriétaire a eu des ouvriers auxquels il n'a donné, pour tout prix de leur travail, que leur nourriture en maïs.

Mais il a fallu sortir de cet état de choses, et voici comment la révolution s'est opérée. On a agrandi les métairies, c'est-à-dire que de trois on en a fait deux, ou de deux une; puis, en arrachant quelques champs de vigne et en mettant du maïs à la place, on a dit : Avec ce maïs le métayer pourra vivre, et le propriétaire ne sera plus obligé de lui donner de quoi suffire à sa subsistance.

Sur tout le territoire on a donc vu abattre des maisons et détruire des métairies. La conséquence, c'est qu'on a détruit autant de familles que de métairies; la dépopulation a été énorme, et, depuis vingt-cinq ans, le nombre des décès a dépassé celui des naissances.

Sans doute, quand la révolution se sera complétement faite, quand la propriété aura changé de mains, quand les propriétaires auront acheté pour 10,000 fr. ce qu'ils payaient autrefois 30,000 fr., quand le nombre des métayers sera réduit au niveau des moyens de subsistance que le pays peut fournir, alors je crois que la population ne pourra plus s'en prendre à l'impôt des boissons; la révolution se sera faite, l'impôt retombera sur le consommateur; mais cette révolution se sera faite au prix de souffrances qui auront duré un siècle ou deux.

Je demande si c'est pour cela que nous faisons des lois. Je demande si nous prélevons des impôts pour tourmenter les populations, pour les forcer de transporter le travail du coteau à la plaine et de la plaine au coteau. Je demande si c'est là le but de la législation. Quant à moi, je ne le crois pas.

Mais, messieurs, nous avons beau attaquer l'impôt, dire qu'il est inégal, vexatoire, dispendieux, injuste, il y a une raison devant laquelle tout le monde courbe la tête : c'est la nécessité. C'est la nécessité qu'on invoque; c'est la nécessité qui vous engage à porter à cette tribune des paroles pour justifier l'impôt; c'est la nécessité, rien que la nécessité, qui vous détermine. On craint les embarras financiers, on craint les résultats d'une réforme (car je puis bien l'appeler une réforme) qui aurait pour conséquence immédiate de soustraire 100 millions au trésor public : c'est donc de la nécessité que je veux parler.

Messieurs, la nécessité, j'en conviens, elle existe, elle est très pressante. Oui le bilan, non pas de la France, mais du gouvernement français, peut se faire en bien peu de mots. Depuis vingt ou vingt-cinq ans, les contribuables fournissent au trésor une somme, qui, je crois, a doublé dans cet espace de temps. Les gouvernements qui se sont succédé ont trouvé le moyen de dévorer la somme première, l'excédant fourni par les contribuables; d'ajouter une dette publique de 1 milliard ou de 2 milliards; d'arriver, à l'entrée de l'année, avec un déficit de 5 à 600 millions; enfin de commencer l'année prochaine avec un découvert assuré de 300 millions.

Voilà où nous en sommes. Je crois que cela vaut bien la peine de se demander quelle est la cause de cet état de choses, et s'il est bien prudent, en face de cette situation, de venir nous dire que, ce qu'il y a de mieux à faire, c'est de rétablir tout juste les choses comme elles étaient avant; c'est de ne rien changer ou presque rien, ou d'une manière imperceptible, à notre système financier, soit du côté des recettes, soit du côté des dépenses. Il me semble voir un ingénieur, qui a lancé une locomotive, et qui est arrivé à une catastrophe, découvrir ensuite où est le vice, où est le défaut, et, sans s'en préoccuper davantage, la remettre sur les mêmes rails, et courir une seconde fois le même danger.(Approbation à gauche.)

Oui, la nécessité existe; mais elle est double. Il y a deux nécessités.

Vous ne parlez que d'une nécessité, monsieur le ministre des finances; mais je vous en signalerai une autre, et elle est très grave; je la crois même plus grave que celle dont vous parlez. Cette nécessité èst renfermée dans un seul mot : la révolution de Février.

Il est intervenu, par suite des abus (car je puis appeler abus tout ce qui a conduit nos finances à l'état où elles sont maintenant), il est intervenu un fait; ce fait on l'a caractérisé quelquefois en disant que c'était une surprise. Je ne crois pas que ce fût une surprise. Il est possible que le fait extérieur soit le résultat d'un accident qui aurait été arrêté...

M. BARTHÉLEMY SAINT-HILAIRE. Retardé!

Plusieurs autres membres à gauche. Oui! oui! retardé.

M. BASTIAT. Mais les causes générales ne sont pas du tout fortuites. C'est absolument comme si vous me disiez, alors qu'une brise, en passant, a fait tomber un fruit de son arbre, que si on avait pu empêcher la brise de passer, le fruit ne serait pas tombé. Oui, mais à une condition, c'est que le fruit n'eût pas été pourri et rongé. (Approbation à gauche.) Ce fait est arrivé, ce fait a donné une puissance politique à la masse entière de la population; c'est un fait grave.

M. FOULD, *ministre des finances.* Pourquoi le gouvernement provisoire n'a-t-il pas supprimé l'impôt des boissons?

M. BASTIAT. Il ne m'a pas consulté, il ne m'a pas soumis de projet de loi, je n'ai pas été appelé à lui donner des conseils; mais nous avons ici un projet, et en repoussant votre projet, il m'est bien permis de vous dire sur quels motifs je me fonde. Je me fonde sur celui-ci : il pèse sur votre tête, non pas une nécessité, mais deux; la seconde nécessité, aussi impérieuse que la première, c'est de faire justice à tous les citoyens. (Assentiment à gauche.)

Eh bien, je dis qu'après la révolution qui s'est faite, vous devez vous préoccuper de l'état politique où est la France, et que cet état politique est déplorable, permettez-moi le mot; je n'attribue pas cela aux hommes qui gouvernent aujourd'hui, cela remonte haut.

Est-ce qu'en France vous ne voyez pas une bureaucratie devenue aristocratie dévorer le pays? L'industrie périt, le peuple souffre. Je sais bien qu'il cherche le remède dans des utopies folles; mais ce n'est pas une raison pour leur ouvrir la porte en laissant subsister des injustices criantes comme celles que je signale à cette tribune.

Je crois qu'on ne se préoccupe pas assez de l'état de souffrance dans lequel se trouve ce pays et des causes qui ont amené cet état de souffrance. Ces causes sont dans ces 1,500 millions prélevés sur un pays qui ne peut les payer.

Je vous supplie de faire une réflexion bien triviale, mais enfin je la fais souvent. Je me demande que sont devenus mes amis d'enfance et mes camarades de collége. Et savez-vous quelle est la réponse? Sur vingt, il y en a quinze qui sont fonctionnaires; et je suis persuadé que si vous faites le même calcul, vous arriverez au même résultat. (Rires approbatifs à gauche.)

M. BÉRARD. C'est là la cause des révolutions.

M. BASTIAT. Je me fais encore une autre question, c'est celle-ci :

En les prenant un à un, en bonne conscience,

rendent-ils au pays des services réels équivalant à ce que le pays leur paye? Et presque toujours je suis forcé de répondre : Il n'en est pas ainsi.

N'est-il pas déplorable que cette masse énorme de travail, d'intelligence, soit soustraite à la production réelle du pays pour alimenter des fonctionnaires inutiles et presque toujours nuisibles? Car, en fait de fonctionnaires publics, il n'y a pas de neutralité : s'ils ne sont pas très utiles, ils sont nuisibles; s'ils ne maintiennent pas la liberté des citoyens, ils l'oppriment. (Approbation à gauche.)

Je dis que cela crée au gouvernement une nécessité, une nécessité immense. Quel est le plan qu'on nous propose? Je le dis franchement, si le ministre était venu dire : Il faut maintenir l'impôt pendant quelque temps; mais voici une réforme financière que je propose; la voici dans son ensemble; seulement il faut une certaine période pour qu'elle puisse aboutir, il faut quatre ou cinq ans, nous ne pouvons pas tout faire à la fois; j'aurais compris cette nécessité, et j'aurais pu y céder.

Mais il n'y a rien de cela; on nous dit : Rétablissons l'impôt des boissons. Je ne sais même pas si l'on ne nous fait pas pressentir qu'on rétablira l'impôt du sel et celui de la poste.

Quant à vos diminutions de dépenses, elles sont dérisoires ; c'est 3 ou 4,000 soldats de plus ou de moins ; mais c'est le même système financier, qui me semble ne pouvoir plus tenir dans ce pays sans le perdre. (Nouvelle approbation à gauche.)

Messieurs, il est impossible de traiter ce sujet sans le traiter à ce point de vue. La France sera-t-elle perdue, dans un très court espace de temps ? car j'oserai demander à M. le ministre des finances combien de temps il croit pouvoir prolonger ce système. Ce n'est pas tout que d'aboutir à la fin de l'année, en équilibrant tant bien que mal les recettes et les dépenses ; il faut savoir si cela peut continuer.

Mais, à ce point de vue, je suis obligé de traiter la question de l'impôt en général. (Marques d'impatience à droite.)

Voix nombreuses. Parlez ! parlez !

M. LE PRÉSIDENT. Vous êtes dans la question.

M. BASTIAT. Je crois, messieurs, que j'ai le droit de venir ici, sous ma responsabilité, exprimer même les idées absurdes. D'autres orateurs sont venus apporter ici leurs idées, et j'ose croire que leurs idées n'étaient pas plus claires que les miennes. Vous les avez écoutés avec patience ; vous n'avez pas accueilli le plan de liquidation générale de M. Proudhon, non plus que le phalanstère de M. Considérant ; mais vous les avez écoutés ; vous avez été plus loin : par l'organe de M. Thiers, vous avez dit que quiconque croyait avoir une pensée utile était obligé de l'apporter à cette tribune. Eh bien, lorsqu'on dit : Parlez ! lorsqu'on jette une espèce de défi, il faut au moins écouter. (Très bien ! très bien !)

Eh bien, messieurs, dans ces derniers temps, on s'est beaucoup préoccupé de la question de l'impôt. L'impôt doit-il être direct ou indirect ?

Tout à l'heure nous avons entendu faire l'éloge de l'impôt indirect.

Eh bien, moi, c'est contre l'impôt indirect en général que je viens m'élever.

Je crois qu'il y a une loi de l'impôt qui domine toute la question, et que je renferme dans cette formule : L'inégalité de l'impôt est en raison de sa masse. Je veux dire par là que plus un impôt est léger, plus il est facile de le répartir équitablement; que plus, au contraire, il est lourd, plus, malgré toute la bonne volonté du législateur, il tend à se répartir inégalement, plus, comme on pourrait le dire, il tend à devenir progressif au rebours, c'est-à-dire à frapper les citoyens en raison inverse de leurs facultés. Je crois que c'est une loi grave, importante, et ses conséquences sont tellement importantes, que je vous demande la permission de l'éclaircir.

Je suppose que la France fût gouvernée depuis longtemps par un système qui est le mien, qui consisterait à ce que le gouvernement maintînt chaque citoyen dans la limite de ses droits et de la justice, et qu'il abandonnât le reste à la responsabilité de chacun. Je suppose cela. Il est aisé de voir qu'alors la France pourrait être gouvernée avec 200 ou 300 millions. Il est clair que si la France était gouvernée avec 200 millions, il serait facile d'établir une taxe unique et proportionnelle. (Bruit.)

Cette hypothèse que je fais, elle aura sa réalité ; seulement, la question est de savoir si elle l'aura en vertu de la prévoyance du législateur ou en vertu d'éternelles convulsions politiques. (Approbation à gauche.)

L'idée ne m'appartient pas ; si elle m'appartenait, je m'en défierais ; mais nous voyons que tous les peuples du monde sont plus ou moins heureux selon qu'ils se rapprochent ou s'écartent de la réalisation de cette idée. Elle est réalisée d'une manière à peu près complète aux États-Unis.

Dans le Massachusets, on ne connaît d'autre impôt que l'impôt direct, unique et proportionnel ; par conséquent, s'il en était ainsi, et il est aisé de le comprendre, car je n'élucide que le principe, rien ne serait plus facile que de demander aux citoyens une part proportionnelle à leurs valeurs réalisées ; ce serait si peu de chose, que nul ne serait intéressé à cacher, dans une grande proportion au moins, sa fortune pour y échapper.

Voilà la première partie de mon axiome.

Mais si vous demandez aux citoyens, non pas 200 millions, mais 500, 600, 800 millions, alors, à mesure que vous augmentez l'impôt, l'impôt direct vous échappe, et il est évident que vous arrivez à un moment où un citoyen prendrait plutôt le fusil que de payer à l'État, par exemple, la moitié de sa fortune.

Un membre. Comme dans l'Ardèche.

M. Bastiat. Alors on ne vous payera pas. Que faut-il donc faire? Il faut avoir recours aux impôts indirects; c'est ce qui a eu lieu partout où l'on a voulu faire de grandes dépenses. Partout, dès que l'État veut donner aux citoyens toutes sortes de bienfaits, l'instruction, la religion, la moralité, on est obligé de donner à cet État des taxes indirectes considérables.

Eh bien, je dis que lorsqu'on est dans cette voie l'on tombe dans l'inégalité des impôts. L'inégalité provient toujours des taxes indirectes elles-mêmes. La raison en est simple. Si la dépense était restreinte dans certaines limites, on pourrait très certainement trouver certains impôts indirects qui blesseraient l'égalité, mais qui ne blesseraient pas le sentiment de la justice, parce que ce seraient des impôts somptuaires; mais lorsqu'on veut prélever beaucoup d'argent, alors on émet un principe vrai, dans l'hypothèse où je me place, que le meilleur impôt est celui qui frappe les objets de la consommation la plus générale. C'est un principe que tous nos financiers et tous nos hommes d'État avouent. Et, en effet, il est très conséquent dans les gouvernements où il s'agit de prendre le plus d'argent au peuple; mais alors vous arrivez à l'inégalité la plus choquante.

Qu'est-ce que c'est qu'un objet dont la consommation est très générale? C'est un objet que le pauvre consomme dans la même proportion que le riche; c'est un objet sur lequel l'ouvrier dépense tout son salaire.

Ainsi, un agent de change gagne 500 fr. par jour, un ouvrier gagne 500 fr. par an, et la justice voudrait que les 500 fr. de l'agent de change fournissent autant au trésor que les 500 fr. de l'ouvrier. Mais il n'en est pas ainsi; car l'agent de change achètera des tentures, des bronzes, des objets de luxe avec son argent, c'est-à-dire des objets de consommation restreinte qui ne payent pas de taxe, tandis que l'ouvrier achète du vin, du sel, du tabac, c'est-à-dire des objets de consommation générale qui en sont accablés. (Bruit et interruptions diverses.)

M. Lacaze. Si l'agent de change n'achetait pas ces objets, il ne ferait pas vivre l'ouvrier.

M. Bastiat. Est-ce que la suppression de l'impôt des boissons empêcherait l'agent de change d'acheter des bronzes et des tentures? Aucun financier ne me démentira. Dans le système des impôts indirects, il n'y a de raisonnable, de vraiment raisonnable, dans ce système que je n'approuve pas, que les impôts qui s'adressent aux objets de la consommation la plus générale. Ainsi, vous commencez à frapper l'air respirable par l'impôt des portes et fenêtres, puis le sel, puis les boissons, puis le tabac, enfin ce qui est à la portée de tout le monde.

Je dis que ce système ne peut tenir en présence du suffrage universel. J'ajoute: bien aveugle, bien imprudent qui ne voit pas aussi la nécessité de ce côté, et ne voit que la nécessité à laquelle je faisais allusion tout à l'heure. (Vive approbation à gauche.)

Je fais un autre reproche à l'impôt indirect, c'est celui de créer précisément ces nécessités dont on vous parle, ces nécessités financières. Croyez-vous que, si l'on demandait la part contributive de ehaque citoyen sous la forme directe; si on lui envoyait un bulletin de contribution portant, non-seulement le chiffre de ce qu'il doit pour l'année, mais le détail de ses contributions; car c'est facile à décomposer : tant pour la justice, tant pour la police, tant pour l'Algérie, tant pour l'expédition de Rome, etc.; croyez-vous pour cela que le pays ne serait pas bien gouverné? M. Charencey nous disait tout à l'heure qu'avec l'impôt indirect le pays était sûr d'être bien gouverné. Eh bien, moi, je dis le contraire. Avec tous ces impôts détournés, dus à la ruse, le peuple souffre, murmure et s'en prend à tout: au capital, à la propriété, à la monarchie, à la république, et c'est l'impôt qui est le coupable. (C'est vrai! c'est vrai!)

Voilà pourquoi le gouvernement, trouvant toujours des facilités, a tant augmenté les dépenses. Quand s'est-il arrêté? quand a-t-il dit: Nous avons un excédant de recettes, nous allons dégrever. Jamais il n'a fait cela. Quand on a de trop, on trouve à l'employer; c'est ainsi que le nombre des fonctionnaires est monté à un chiffre énorme.

On nous accuse d'être malthusiens; oui, je suis malthusien en ce qui concerne les fonctionnaires publics. Je sais bien qu'ils ont suivi parfaitement cette grande loi, que les populations se mettent au niveau des moyens de subsistance. Vous avez donné 800 millions, les fonctionnaires publics ont dévoré 800 millions; vous leur donneriez 2 milliards, il y aurait des fonctionnaires pour dévorer ces deux milliards. (Approbation sur plusieurs bancs.)

Un changement dans un système financier en entraîne nécessairement un correspondant dans le système politique; car un pays ne peut pas suivre la même politique, lorsque la population lui donne 2 milliards, que lorqu'elle ne lui donne que 200 ou 300 millions. Et ici, vous me trouverez peut-être profondément en désaccord avec un grand nombre de membres qui siègent de ce côté (la gauche): la conséquence forcée, pour tout homme sérieux, de la théorie financière que je développe ici, est évidemment celle-ci: que, puisqu'on ne veut pas donner beaucoup à l'État, il faut savoir ne pas lui demander beaucoup. (Assentiment.)

Il est évident que si vous vous mettez dans la tête, ce qui est une profonde illusion, que la société a deux facteurs: d'un côté, les hommes qui la composent, et, de l'autre, un être fictif qu'on appelle l'État, le gouvernement, auquel vous supposez une moralité à toute épreuve, une religion, un crédit, la facilité de répandre des bienfaits, de faire de l'assistance ; il est bien évident qu'alors vous vous placez ou dans la position ridicule d'hommes qui disent : Donnez-nous sans nous rien prendre, ou qui disent : Restez dans le système funeste où nous sommes à présent engagés.

Il faut savoir renoncer à ces idées ; il faut savoir être hommes, et se dire : Nous avons la responsabilité de notre existence, et nous la supporterons. (Très bien ! très bien !)

Encore aujourd'hui, je reçois une pétition d'habitants de mon pays, où des vignerons disent : Nous ne demandons rien de tout cela au gouvernement ; qu'il nous laisse libres, qu'il nous laisse agir, travailler ; voilà tout ce que nous lui demandons ; qu'il protége notre liberté et notre sécurité.

Eh bien, je crois que c'est là une leçon, émanée de pauvres vignerons, qui devrait être écoutée dans les plus grandes villes. (Très bien !)

Le système de politique intérieure dans lequel ce système financier nous forcerait d'entrer, c'est évidemment le système de la liberté, car, remarquez-le, la liberté est incompatible avec les grands impôts, quoi qu'on en dise.

J'ai lu un mot d'un homme d'État très célèbre, M. Guizot, le voici : « La liberté est un bien trop précieux pour qu'un peuple la marchande. »

Eh bien, quand j'ai lu cette sentence il y a longtemps, je me suis dit : « Si jamais cet homme gouverne le pays, il perdra non-seulement les finances, mais la liberté de la France. »

Et, en effet, je vous prie de remarquer, comme je le disais tout à l'heure, que les fonctions publiques ne sont jamais neutres ; si elles ne sont pas indispensables, elles sont nuisibles.

Je dis qu'il y a incompatibilité radicale entre un impôt exagéré et la liberté.

Le maximum de l'impôt, c'est la servitude, car l'esclave est l'homme à qui l'on prend tout, même la liberté de ses bras et de ses facultés. (Très bien !)

Eh bien, est-ce que si l'État ne payait pas à nos dépens un culte, par exemple, nous n'aurions pas la liberté des cultes ? Est-ce que si l'État ne payait pas à nos dépens l'université, nous n'aurions pas la liberté de l'instruction publique ? Est-ce que si l'État ne payait pas à nos dépens une bureaucratie très nombreuse, nous n'aurions pas la liberté communale et départementale? Est-ce que si l'État ne payait pas à nos dépens des douaniers, nous n'aurions pas la liberté du commerce? (Très bien! très bien! — Mouvement prolongé.)

Car qu'est-ce qui manque le plus aux hommes de ce pays-ci? Un peu de confiance en eux-mêmes, le sentiment de leur responsabilité. Il n'est pas bien étonnant qu'ils l'aient perdu, on les a habitués à le perdre à force de les gouverner. Ce pays est trop gouverné, voilà le mal.

Le remède est qu'il apprenne à se gouverner lui-même, qu'il apprenne à faire la distinction entre les attributions essentielles de l'État et celles qu'il a usurpées, à nos frais, sur l'activité privée.

Tout le problème est là.

Quant à moi, je dis : Le nombre des choses qui rentrent dans les attributions essentielles du gouvernement est très limité : faire régner l'ordre, la sécurité, maintenir chacun dans la justice, c'est-à-dire réprimer les délits et les crimes, et exécuter quelques grands travaux d'utilité publique, d'utilité nationale, voilà, je crois, quelles sont ses attributions essentielles, et nous n'aurons de paix, nous n'aurons de repos, nous n'aurons de finances, nous n'aurons abattu l'hydre des révolutions que lorsque nous serons rentrés, par des voies progressives, si vous voulez, dans ce système vers lequel nous devons nous diriger (Très bien !)

La seconde condition de ce système, c'est qu'il faut vouloir sincèrement la paix, car il est évident que non-seulement la guerre, mais même l'esprit de guerre, les tendances belliqueuses sont incompatibles avec un pareil système. Je sais bien que le mot *paix* fait quelquefois circuler le sourire de l'ironie sur ces bancs ; mais, véritablement, je ne crois pas que des hommes sérieux puissent accueillir ce mot avec ironie. Comment ! l'expérience ne nous apprendra-t-elle jamais rien ?

Depuis 1815, par exemple, nous entretenons des armées nombreuses, des armées énormes, et je puis dire que c'est précisément ces grandes forces militaires qui nous ont entraînés malgré nous dans des affaires, dans des guerres dont nous ne nous serions pas mêlés assurément si nous n'avions pas eu ces grandes forces derrière nous. Nous n'aurions pas eu la guerre d'Espagn en 1823, nous n'aurions pas eu l'année dernièr l'expédition de Rome ; nous aurions laissé le pape et les Romains s'arranger entre eux, si notre appareil militaire eût été restreint à des proportions plus modestes. (Mouvements divers.)

Une voix à droite. Et en juin, vous n'avez pas été fâché d'avoir l'armée !

M. Bastiat. Vous me répondez par le mois de juin. Moi, je vous dis que si vous n'aviez pas eu ces grosses armées, vous n'auriez pas eu le mois de juin. (Hilarité prolongée à droite. — Longue agitation.)

Une voix à droite. C'est comme si vous disiez qu'il n'y aurait pas de voleurs s'il n'y avait pas de gendarmes.

M. Bérard. Mais ce sont les fonctionnaires publics des ateliers nationaux qui ont fait le mois de juin.

M. Bastiat. Je raisonne dans l'hypothèse où la France aurait été bien gouvernée, presque idéalement gouvernée, et alors il m'est bien permis de croire que nous n'aurions pas eu les funestes journées de juin, comme nous n'aurions pas eu le 24 février 1848, 1830, ni peut-être 1814.

Quoi qu'il en soit, la liberté et la paix, voilà les deux colonnes du système que je développe ici. Et remarquez bien que je ne le présente pas seulement comme bon en lui-même, mais comme commandé par la nécessité la plus impérieuse.

Maintenant il y a des personnes qui se préoccupent, et avec raison, de la sécurité : je m'en préoccupe aussi et autant que qui que ce soit ; c'est un bien aussi précieux que les deux autres; mais nous sommes dans un pays habitué à être tellement gouverné qu'on ne peut s'imaginer qu'il puisse y avoir un peu d'ordre et de sécurité avec moins de réglementation. Je crois que c'est précisément dans cette surabondance de gouvernement que se trouve la cause de presque tous les troubles, les agitations, les révolutions dont nous sommes les tristes témoins et quelquefois les victimes.

Voyons ce que cela implique.

La société se divise en deux parties : les exploitants et les exploités. (Allons donc ! — Longue interruption.)

Une voix à droite. Ce n'est pas une telle distinction qui peut ramener la paix.

M. Bastiat. Messieurs, il ne faut pas qu'il y ait d'équivoque; je ne fais aucune espèce d'allusion, ni à la propriété, ni au capital; je parle seulement de 1,800 millions qui sont payés d'un côté et qui sont reçus de l'autre. J'ai peut-être eu tort de dire *exploités*, car, dans ces 1,800 millions, il y en a une partie considérable qui va à des hommes qui rendent des services très réels. Je retire donc l'expression. (Rumeurs au pied de la tribune.)

M. le Président. Messieurs, gardez donc le silence; vous n'êtes là qu'à la condition de garder le silence plus que tous les autres.

M. Bastiat. Je veux faire observer que cet état de choses, cette manière d'être, ces immenses dépenses du gouvernement doivent toujours être justifiées ou expliquées de quelque façon; par conséquent, cette prétention du gouvernement de tout faire, de tout diriger, de tout gouverner, a dû faire naître naturellement une pensée dangereuse dans le pays: c'est que cette population qui est au-dessous attend tout du gouvernement, elle attend l'impossible de ce gouvernement. (Très bien ! très bien !)

Nous parlons des vignerons : j'ai vu des vignerons les jours de grêle, les jours où ils sont ruinés ; ils pleurent, mais ils ne se plaignent pas du gouvernement, ils savent qu'entre la grêle et lui n'existe aucune connexité. Mais lorsque vous induisez la population à croire que tous les maux qui n'ont pas un caractère aussi abrupte que la grêle, que tous les autres maux viennent du gouvernement, que le gouvernement le laisse croire lui-même, puisqu'il ne reçoit cette énorme contribution qu'à la condition de faire quelque bien au peuple, il est évident que, lorsque les choses en sont là, vous avez des révolutions perpétuelles dans le pays, parce qu'à raison du système financier dont je parlais tout à l'heure, le bien que peut faire le gouvernement n'est rien en comparaison du mal qu'il fait lui-même par les contributions qu'il soutire.

Alors le peuple, au lieu d'être mieux, est plus mal, il souffre, il s'en prend au gouvernement ; et il ne manque pas d'hommes dans l'opposition qui viennent et qui lui disent : Voyez-vous ce gouvernement qui vous a promis ceci, promis cela...., qui devait diminuer tous les impôts, vous combler de bienfaits; voyez-vous ce gouvernement comme il tient ses promesses! Mettez-nous à sa place, et vous verrez comme nous ferons autre chose! (Hilarité générale. — Marques d'approbation.) Alors on renverse le gouvernement. Et cependant les hommes qui arrivent au pouvoir se trouvent précisément dans la même situation que ceux qui les ont précédés; ils sont obligés de retirer peu à peu toutes leurs promesses; ils disent à ceux qui les pressent de les réaliser : Le temps n'est pas venu, mais comptez sur l'amélioration de la situation, comptez sur les exportations, comptez sur une prospérité future. Mais, comme, en réalité, ils ne font pas plus que leurs prédécesseurs, on a plus de griefs contre eux, on finit par les renverser, et l'on marche de révolution en révolution. Je ne crois pas qu'une révolution soit possible là où le gouvernement n'a d'autres relations avec les citoyens que de garantir à chacun sa sécurité, sa liberté. (Très bien! très bien!) Pourquoi se révolte-t-on contre un gouvernement? C'est parce qu'il manque à sa promesse. Avez-vous jamais vu le peuple se révolter contre la magistrature, par exemple ! Elle a mission de rendre la justice et la rend ; nul ne songe à lui demander plus. (Très bien !)

Persuadez-vous bien d'une chose, c'est que l'amour de l'ordre, l'amour de la sécurité, l'amour de la tranquillité n'est un monopole pour personne. Il existe, il est inhérent à la nature humaine. Interrogez tous ces hommes mécontents, parmi lesquels il y a bien quelques pertubateurs sans doute.... Eh ! mon Dieu, il y a toujours des exceptions. Mais interrogez les hommes de toutes les classes, ils vous diront tous combien, dans ce temps-ci, ils sont effrayés de voir l'ordre compromis ; ils aiment l'ordre, ils l'aiment au point de lui faire de grands sacrifices, des sacrifices d'opinion et des sacrifices de liberté ; nous le voyons tous les jours. Eh bien, ce sentiment serait assez fort pour maintenir la sécurité, surtout si les opinions contraires n'étaient pas sans cesse alimentées par la mauvaise constitution du gouvernement.

Je n'ajouterai qu'un mot relativement à la sécurité.

Je ne suis pas un profond jurisconsulte, mais je crois véritablement que si le gouvernement était renfermé dans les limites dont je parle, et que toute la force de son intelligence, de sa capacité fût dirigée sur ce point-là : améliorer les conditions de sécurité des hommes, je crois qu'on pourrait faire dans cette carrière des progrès immenses. Je ne crois pas que l'art de réprimer les délits et les vices, de moraliser et de réformer les prisonniers, ait fait encore tous les progrès qu'il peut faire. Je dis et je répète que si le gouvernement excitait moins de jalousies, d'un côté, moins de préjugés, d'un autre côté, et que toutes ses forces pussent être dirigées vers l'amélioration civile et pénale, la société aurait tout à y gagner.

Je m'arrête. J'ai une conviction si profonde que les idées que j'apporte à cette tribune remplissent toutes les conditions d'un programme gouvernemental, qu'elles concilient tellement la liberté, la justice, les nécessités financières et le besoin de l'ordre et tous les grands principes qui soutiennent les peuples et l'humanité ; j'ai cette conviction si bien arrêtée, que j'ai peine à croire qu'on puisse taxer ce projet d'utopie ; et au contraire, il me semble véritablement que si Napoléon, par exemple, revenait dans ce monde

(Exclamations à droite) et qu'on lui dit : Voilà deux systèmes : dans l'un, il s'agit de restreindre, de limiter les attributions gouvernementales et par conséquent les impôts ; dans l'autre, il s'agit d'étendre indéfiniment les attributions gouvernementales et par conséquent les impôts, et par suite il faut faire accepter à la France les droits réunis, j'ai la conviction et j'affirme que Napoléon dirait que la véritable utopie est de ce dernier côté, car il a été bien plus difficile d'établir les droits réunis, qu'il ne le serait d'entrer dans le système que je viens de proclamer à cette tribunc.

Maintenant on me demandera pourquoi je refuse aujourd'hui et sur-le-champ l'impôt des boissons ; je le dirai. Je viens d'exposer le système, la théorie dans laquelle je voudrais que le gouvernement entrât. Mais comme je n'ai jamais vu un gouvernement qui voulût exécuter sur lui ce qu'il regarde comme une sorte de demi-suicide, retrancher toutes les attributions qui ne lui sont pas essentielles, je me vois obligé de le forcer, et je ne le puis qu'en lui refusant les moyens de persévérer dans une voie funeste. C'est pour cela que j'ai voté pour la réduction de l'impôt du sel; c'est pour cela que j'ai voté pour la réforme postale; c'est pour cela que je voterai contre l'impôt des boissons. (Assentiment à gauche.)

C'est ma conviction intime que la France, si elle a foi, si elle a confiance en elle-même, si elle a la certitude qu'on ne viendra pas l'attaquer, du moment qu'elle est décidée à ne pas attaquer les autres, c'est ma conviction intime qu'il est facile de diminuer les dépenses publiques dans une proportion énorme, et que, même avec la suppression de l'impôt sur les boissons, il restera suffisamment, non-seulement pour aligner les recettes avec les dépenses, mais encore pour diminuer la dette publique. (Marques nombreuses d'approbation.)

BIBLIOTHÈQUE NATIONALE R.F. IMPRIMÉS

Imp. de G. Gratiot, rue de la Monnaie, 11.

TABLE DES MATIÈRES.

BIBLIOTHÈQUE NATIONALE

OUVRAGES DE M. F. BASTIAT.

COBDEN ET LA LIGUE, ou l'agitation Anglaise pour la liberté des échanges. 1 vol. in-8 (*épuisé*). 7 fr. 50 c.

HARMONIES ÉCONOMIQUES. 1 beau volume in-8. Prix : 7 fr. 50 c.

SOPHISMES ÉCONOMIQUES. Première et deuxième Séries. 2 jolis vol. in-16. Prix : 2 f. »

PETITS PAMPHLETS.

PROPRIÉTÉ ET LOI, suivi de **JUSTICE ET FRATERNITÉ.** 1 vol. in-16. Prix : » 40 c.

PROTECTIONISME ET COMMUNISME. — Lettre à M. Thiers. 1 vol. in-16. Prix : » 35 c.

CAPITAL ET RENTE. 1 vol. in-16. Prix : » 35 c.

PAIX ET LIBERTÉ, ou le Budget républicain. 1 vol. in-16. Prix : » 60 c.

INCOMPATIBILITÉS PARLEMENTAIRES. 2e édit., suivie des deux discours prononcés par M. BASTIAT sur l'*Impôt des Boissons* et sur les *Coalitions industrielles.* 1 vol. in-16. Prix : » 75 c.

L'ÉTAT, suivi de : **MAUDIT ARGENT !** 1 vol. in-16. Prix : » 40 c.

GRATUITÉ DU CRÉDIT. Correspondance entre MM. F. Bastiat et Proudhon. 1 vol. in-16. 1 f. 75 c.

BACCALAURÉAT ET SOCIALISME. 1 volume in-16. Prix : » 60 c.

SPOLIATION ET LOI. 1 vol. in-16. » 40 c.

PROPRIÉTÉ ET SPOLIATION. 1 vol. in-16. » 40 c.

LA LOI. 1 vol. in-16. » 50 c.

CE QU'ON VOIT ET CE QU'ON NE VOIT PAS, ou l'*Economie politique en une leçon.* 1 vol. in-16. » 60 c.

Imprimerie de Gustave GRATIOT, 11, rue de la Monnaie.

www.ingramcontent.com/pod-product-compliance
Ingram Content Group UK Ltd.
Pitfield, Milton Keynes, MK11 3LW, UK
UKHW020253250726
13967UKWH00004B/1648

9 782012 961470